Otto Gunter

O Enigma de Judas
O Traidor Revelado

Copyright © 2022 By Luiz Santos

Todos os direitos reservados.
Nenhuma parte deste livro pode ser reproduzida de qualquer forma ou por qualquer meio sem a permissão por escrito do detentor dos direitos autorais.
Imagem da capa © Orbis Studio
Revisão por Marco Avelar
Design gráfico por Tania Navarro
Diagramação por Paulo Xavier
Todos os direitos reservados a:
Luiz A. Santos

Sumário

Prólogo 5
Capítulo 1 Evangelho de Judas.. 9
Capítulo 2 Judas e Jesus 15
Capítulo 3 O Conceito de Demiurgo 21
Capítulo 4 O Deus Supremo 27
Capítulo 5 Revelações de Jesus sobre o Cosmos 33
Capítulo 6 O Mundo Material como Ilusão...................................... 38
Capítulo 7 Natureza da Alma 43
Capítulo 8 Emanações Divinas... 48
Capítulo 9 O Portador do Conhecimento 53
Capítulo 10 O Propósito do Sacrifício de Jesus................................ 58
Capítulo 11 O Caminho da Iluminação 63
Capítulo 12 Conceitos Básicos do Gnosticismo............................... 68
Capítulo 13 Judas e o Papel do Sacrifício 73
Capítulo 14 Conhecimento e Salvação.. 78
Capítulo 15 Entendendo os Arcontes 83
Capítulo 16 As Hierarquias Espirituais 88
Capítulo 17 Práticas de Meditação Gnóstica.................................... 93
Capítulo 18 Silêncio e Reflexão Interior 98
Capítulo 19 A Importância da Autodescoberta 103
Capítulo 20 Dualidade da Existência... 108
Capítulo 21 Rejeição das Estruturas Materiais................................. 112
Capítulo 22 A Ascensão Espiritual... 117
Capítulo 23 A Profecia de Judas... 121
Capítulo 24 A Visão Gnóstica do Mal.. 125
Capítulo 25 Como Identificar as Ilusões do Mundo 129
Capítulo 26 A Verdadeira Natureza do Espírito............................... 134

Capítulo 27 Superando o Ego 138
Capítulo 28 A Experiência da Iluminação 142
Capítulo 29 Práticas de Ritual Gnóstico 146
Capítulo 30 A Integração da Luz e da Escuridão 150
Capítulo 31 Transcendendo o Mundo Material 154
Capítulo 32 Os Caminhos do Sofrimento e da Cura 158
Capítulo 33 Simbolismo e Significados Secretos 162
Capítulo 34 Alinhamento com o Divino 167
Capítulo 35 Judas e a Redenção 172
Capítulo 36 A Redescoberta de Judas 176
Capítulo 37 Aplicação do Conhecimento Gnóstico na Vida Diária ... 180
Capítulo 38 Amor e Compaixão no Gnosticismo 184
Capítulo 39 Rituais de Purificação Espiritual 188
Capítulo 40 A Busca pela Unidade 192
Capítulo 41 O Papel do Silêncio na Gnose 196
Capítulo 42 A Conexão entre Corpo e Espírito 200
Capítulo 43 Desenvolvendo a Visão Interior 204
Capítulo 44 O Caminho da Sabedoria 208
Capítulo 45 Liberdade Espiritual 212
Capítulo 46 Vencendo as Provações Espirituais 216
Capítulo 47 O Papel da Intenção na Prática Gnóstica 220
Capítulo 48 A Transcendência do Tempo e do Espaço 224
Capítulo 49 A Jornada da Alma após a Morte 228
Epílogo 234

Prólogo

Há segredos que aguardam pacientemente, como uma chama sob o véu das eras, esperando o momento exato para iluminar aqueles que ousam se aproximar. Tu que agora seguraste este livro, estás prestes a adentrar uma jornada para além da superfície, um percurso que exige mais do que apenas o olhar. O mundo como o conheces está prestes a se desfazer em camadas, revelando uma verdade oculta, acessível apenas aos poucos que têm coragem de ver o que se esconde nas sombras.

Aqui, não encontrarás o conforto das narrativas convencionais, mas uma revelação que desafia séculos de entendimento. Este é um livro que te fala diretamente à alma, questionando as certezas que carregaste até aqui. Ele se oferece como um portal, um limiar para uma compreensão que transcende os dogmas e as interpretações que foram reforçadas ao longo dos séculos. Cada página é um convite a deixar para trás o conhecido e mergulhar em um mistério que desafia o senso comum.

O que encontrarás aqui não é uma história de heróis e vilões, de figuras que representam meros arquétipos fixos. Este é o enigma de Judas, uma figura que foi crucificada pela história, reduzida ao símbolo da traição e da covardia. Mas, e se esse papel fosse apenas uma cortina, uma fachada destinada a ocultar algo infinitamente mais profundo? E se Judas, o traidor, fosse o mais íntimo dos discípulos, aquele que recebeu as verdades mais elevadas, capaz de ver o que ninguém mais era capaz de compreender? Não se trata de reabilitá-lo ou de redimir sua imagem; trata-se de transcender as aparências, de compreender o papel de Judas como aquele que, por meio da traição, trouxe à luz o entendimento supremo, liberando Jesus e a si mesmo das amarras do mundo material.

Ao longo deste livro, serás desafiado a reavaliar a natureza da realidade, a questionar o valor das leis e das normas que definem a moralidade, pois aqui o gnosticismo revela sua essência. Essa doutrina, que foi esquecida e marginalizada, emerge novamente para lembrar que há um caminho de libertação, um caminho para aqueles que possuem a coragem de romper com as ilusões do mundo físico. Judas, nessa visão, não é apenas um discípulo: ele é o buscador, o confidente que reconhece no sacrifício um ato necessário para libertar a alma da prisão da matéria.

Estás pronto para ver o mundo sob uma nova ótica? As revelações aqui contidas não são promessas de salvação fácil, nem oferecem um caminho reto e iluminado. São antes lampejos de uma verdade que muitos prefeririam manter nas sombras. O Evangelho de Judas, com sua narrativa controversa, expõe uma cosmologia onde o mundo material não é mais do que uma prisão, um engodo elaborado por uma entidade menor, o Demiurgo, que manipula a criação como um tirano, mantendo as almas confinadas em ciclos de ignorância. Para os gnósticos, apenas o conhecimento — a gnose — pode libertar a alma, reconduzindo-a ao Deus Supremo, a fonte pura e invisível de toda a luz.

À medida que te aventuras, serás confrontado com a imagem de um universo fragmentado, onde as almas são chamas aprisionadas, cada uma carregando em si o potencial para romper as correntes e ascender ao verdadeiro lar espiritual. Jesus, nesse contexto, não é o redentor que se submete ao sacrifício para expiar pecados, mas um portador de sabedoria, alguém que, ao morrer, demonstra o caminho para transcender a matéria e alcançar a libertação. Judas, que o entrega, o faz porque compreende o propósito desse sacrifício: libertar o espírito de Jesus das amarras impostas pelo Demiurgo.

E o que significa essa revelação para ti? Ela é, talvez, um convite a rever teus próprios valores, a questionar as certezas que formaram tua visão de mundo. Estás preparado para abandonar as noções convencionais e abraçar uma perspetiva que desafia a autoridade, que subverte a ordem, que rejeita as explicações fáceis? Este livro não é para os que buscam conforto; é para os que anseiam pelo despertar. Se continuares a leitura, saiba que o caminho à frente é exigente, e que exige de ti uma abertura para o inconcebível, uma disposição para ver Judas não como traidor, mas como instrumento de um conhecimento que transcende os julgamentos morais.

A trajetória desse texto, da obscuridade até tua mão, é também uma metáfora do próprio conhecimento que ele guarda. Foi encontrado por acaso, redescoberto depois de séculos, protegido pelas areias do tempo e, agora, ressurge para aqueles que possuem a coragem de desafiá-lo. Sua mensagem é direta e provocativa, e talvez deixará marcas em tua compreensão do mundo e do divino.

Este livro não foi escrito para reforçar as crenças que te cercam, mas para derrubá-las. Cada palavra é um desafio, uma chave que pode abrir a porta para uma realidade onde o verdadeiro objetivo da alma é reencontrar a luz, libertar-se do ciclo imposto pelo Demiurgo e ascender ao Deus Supremo, a essência que pulsa além das camadas de ilusão. Judas é a figura central desse enigma, um enigma que, à primeira vista, parece uma contradição, mas que revela, nas entrelinhas, uma verdade que poucos ousariam admitir.

O que queres é conforto ou verdade? Estás preparado para olhar para a história de Judas com novos olhos e reconsiderar o próprio sentido de traição, de sacrifício, de lealdade? Este livro é um convite para que despertes, para que sejas mais do que um observador passivo. Ele te convida a romper com as correntes invisíveis que te prendem às ilusões da matéria e a buscar o Deus Supremo, não como um ente distante, mas como uma presença que reside em teu próprio ser, esperando apenas o momento de ser redescoberta.

Adentra, então, sem reservas. Permite que as palavras te conduzam além dos julgamentos que te ensinaram, que desconstruam as certezas e te conduzam a uma compreensão que desafia o convencional. Este livro te pertence e te chama para uma jornada interna, onde Judas se torna o símbolo do conhecimento oculto, o arquétipo daquele que vê além do que está posto. Este é o início de um caminho que poucos escolherão trilhar, mas que promete revelar uma verdade que está para além das palavras.

Capítulo 1
Evangelho de Judas

O Evangelho de Judas é, ao mesmo tempo, uma revelação e um mistério envolto em sombras. Ao longo dos séculos, ele permaneceu oculto, protegido de olhares inquisitivos, como se esperasse o momento certo para emergir e lançar novas luzes sobre um dos personagens mais controversos do cristianismo: Judas Iscariotes. No imaginário tradicional, Judas é lembrado como o traidor que vendeu Jesus por trinta moedas de prata. A narrativa canônica dos evangelhos de Mateus, Marcos, Lucas e João o desenha com contornos sombrios, como alguém que entrega seu mestre e amigo às autoridades, tornando-se o arquétipo da traição.

No entanto, o Evangelho de Judas oferece uma perspectiva radicalmente diferente sobre a vida e o papel desse discípulo. Através das linhas enigmáticas e de uma linguagem cheia de simbolismo, ele revela Judas como alguém íntimo de Jesus, um confidente que recebe ensinamentos e revelações profundas que nenhum outro discípulo teve acesso. Essa visão se desvia das crenças estabelecidas e desafia as tradições que, por quase dois milênios, consolidaram Judas como o vilão da história sagrada.

A descoberta deste evangelho ocorreu de forma misteriosa e acidental em meados dos anos 1970, quando um grupo de agricultores egípcios encontrou um códice em uma caverna próxima ao rio Nilo. Esse códice, com textos gnósticos e outros fragmentos religiosos, estava em estado de degradação avançada, o que exigiu esforços cuidadosos para preservá-lo e restaurá-lo. Depois de décadas de negociações e disputas sobre a propriedade e a autenticidade do documento, ele foi finalmente traduzido e publicado em 2006. Desde então, o Evangelho de Judas tem suscitado intenso debate acadêmico, teológico e até espiritual.

A autenticidade do evangelho foi verificada através de diversos exames científicos, incluindo análises de carbono-14, que confirmaram que o códice datava aproximadamente do século III. Além disso, estudos paleográficos indicaram que a linguagem e a forma do texto eram consistentes com outros documentos gnósticos da época, estabelecendo sua origem em uma tradição alternativa de cristianismo que coexistia com a ortodoxia emergente. Esta comprovação científica lançou luz sobre o significado desse evangelho, ampliando o entendimento sobre o cristianismo primitivo e as diferentes interpretações espirituais e filosóficas que existiam entre os primeiros seguidores de Jesus.

O gnosticismo, movimento espiritual ao qual o Evangelho de Judas se associa, floresceu entre os séculos II e IV e oferecia uma visão de mundo profundamente diferente do cristianismo institucionalizado. Para os gnósticos, a salvação não era obtida pela fé, pela obediência a rituais ou pela intermediação de autoridades religiosas, mas pelo conhecimento secreto — a gnose — que permitia libertar a alma do mundo material. Este mundo, segundo a cosmovisão gnóstica, não era uma criação divina benigna, mas uma armadilha, uma prisão de carne e ilusões, criada por uma divindade menor conhecida como Demiurgo. Este Demiurgo era visto como uma entidade que, embora poderosa, era ignorante da verdadeira luz divina, do Deus Supremo.

Dentro deste contexto gnóstico, Jesus é interpretado não como um redentor no sentido tradicional, mas como um portador de conhecimento, um guia espiritual que desce ao mundo material para trazer o despertar aos que podem ouvir e compreender suas palavras. O Evangelho de Judas, ao centrar sua narrativa na relação entre Jesus e Judas, revela um papel oculto para este último, que vai muito além do que a tradição ortodoxa reconhece. Judas, neste evangelho, surge não como traidor, mas como alguém escolhido para receber as verdades mais profundas, um confidente de revelações que permaneceriam ocultas para os demais discípulos.

A relação entre Jesus e Judas é retratada de maneira íntima e complexa. O evangelho descreve diálogos em que Jesus compartilha segredos cósmicos e verdades espirituais elevadas, algo que exige de Judas uma mente aberta e uma compreensão que os outros discípulos, supostamente, não seriam capazes de atingir. Essa distinção coloca Judas em uma posição ambígua e, ao mesmo tempo, elevada. Enquanto o restante dos discípulos parece preocupado com questões terrenas e interpretações literais, Judas é conduzido por Jesus a visões espirituais mais profundas. A narrativa sugere que ele compreendia o sacrifício de Jesus em um nível que transcendia a traição, entendendo-o como um evento necessário para a libertação da alma do próprio Salvador do aprisionamento material.

As revelações que Jesus faz a Judas no evangelho apócrifo incluem uma série de ensinamentos sobre o cosmos e a natureza do divino que contrastam fortemente com a ortodoxia cristã. Jesus explica a Judas que o mundo material é uma criação imperfeita, obra do Demiurgo, um ser divino de inteligência limitada, obcecado por controle e vaidade. Para os gnósticos, este Demiurgo seria o responsável por aprisionar as almas na materialidade, impedindo-as de acessar a verdadeira luz que emana do Deus Supremo. Jesus, enquanto mensageiro deste Deus Supremo, vê-se preso na criação do Demiurgo e depende de Judas para que o liberte, permitindo-lhe retornar à esfera divina.

O Evangelho de Judas carrega, portanto, uma visão de sacrifício diferente. Para os gnósticos, a crucificação de Jesus não representa um sacrifício para o perdão dos pecados, mas um ato de libertação espiritual. Ao sacrificar sua forma humana, Jesus transcende o mundo material e retorna ao plano da verdadeira luz. Judas, ciente desta verdade, cumpre seu papel ao entregar Jesus aos seus perseguidores, sabendo que este ato, longe de ser uma traição, é a culminação de um plano divino superior. O entendimento de Judas não é de um traidor, mas de um iniciador, alguém que, através da gnose, compreende que o mundo material é transitório e que o verdadeiro destino da alma é a comunhão com o Deus Supremo.

O gnosticismo, com sua rejeição do mundo material e sua busca pela sabedoria oculta, vê na figura de Judas um símbolo da libertação espiritual. Para eles, ele representa o discípulo que, ao abrir mão das ilusões e dos laços com o mundo físico, atinge um entendimento que transcende as normas e as interpretações tradicionais. A figura de Judas, como apresentada neste evangelho, desafia as interpretações morais convencionais e propõe um modelo de salvação que se baseia na compreensão e na transcendência da matéria.

Além do papel de Judas como confidente de Jesus, o Evangelho de Judas explora questões filosóficas que ocupavam os gnósticos em suas reflexões sobre a natureza do ser e a origem do cosmos. A visão gnóstica descreve o universo como composto por diferentes níveis de existência, com o mundo material no nível mais baixo, dominado pelo Demiurgo e suas entidades auxiliares, conhecidas como Arcontes. Estes Arcontes, como guardiões da materialidade, trabalham para manter as almas presas ao plano físico, promovendo a ignorância e o esquecimento da origem divina das almas. Judas, ao receber as revelações de Jesus, entende que a verdadeira salvação é libertar-se do controle dos Arcontes, rompendo os grilhões que os mantêm presos à ilusão do mundo físico.

O Evangelho de Judas também lança luz sobre a natureza da alma humana, um tema central para o gnosticismo. A alma, segundo os gnósticos, é uma centelha divina, uma porção da verdadeira luz que caiu no mundo material e foi aprisionada pelo Demiurgo. Para eles, o objetivo último da vida humana não é prosperar no mundo material, mas alcançar o conhecimento necessário para escapar dele e retornar ao reino divino. Jesus, em sua missão de redentor espiritual, não procura converter as pessoas ao seu seguimento religioso, mas despertá-las para essa verdade interior, permitindo que descubram o caminho de volta ao Deus Supremo. A relação entre Jesus e Judas, nesse sentido, ilustra a jornada da alma em busca da libertação, sendo Judas um reflexo daqueles que possuem a coragem de transcender as normas e abraçar a gnose.

O Evangelho de Judas não foi escrito para ser uma peça de literatura doutrinária. Ele não visa criar uma nova religião ou subverter a existente, mas trazer uma luz sobre o caráter dos primeiros movimentos espirituais que questionaram o mundo material e buscavam uma compreensão mais profunda do divino. A exclusividade do papel de Judas, como um receptor das revelações de Jesus, mostra uma ruptura com a compreensão coletiva e a interpretação moral simplista dos acontecimentos da vida de Cristo. Esta narrativa não elimina a importância do sacrifício de Jesus, mas o reposiciona como um ato consciente e necessário, compreendido por Judas como a libertação final.

No contexto gnóstico, este evangelho representa a essência de uma espiritualidade que transcende os dogmas e busca, acima de tudo, a compreensão. A revelação oferecida a Judas é um chamado para que cada indivíduo encontre a verdade por si mesmo, rompendo com as limitações da tradição e dos rituais. Ao longo dos séculos, o cristianismo ortodoxo consolidou uma visão que enaltecia a fé e a obediência, mas o gnosticismo sempre preservou uma alternativa que buscava o despertar individual através do conhecimento. O Evangelho de Judas nos convida a revisitar essa perspectiva, a questionar o que se toma por certo e a olhar para as Escrituras e para as figuras religiosas com novos olhos, livres de preconceitos e abertos ao desconhecido.

A existência desse evangelho levanta questões sobre a natureza da história e da memória, e como certos relatos foram mantidos enquanto outros foram silenciados. A própria jornada desse texto, das areias do deserto até os laboratórios modernos, é um testemunho do desejo humano de preservar e compreender todas as facetas da espiritualidade, mesmo as que desafiam as normas. Sua descoberta, tradução e publicação reacenderam debates sobre a pluralidade das interpretações do cristianismo primitivo e trouxeram à tona a relevância do gnosticismo como uma vertente do pensamento cristão que, embora rejeitada pela ortodoxia, ainda hoje atrai aqueles que buscam um entendimento alternativo e profundo.

O Evangelho de Judas, por fim, serve como uma ponte entre o conhecido e o oculto, uma porta para um mundo onde Judas não é o traidor vilanizado, mas um aliado que compreendeu a necessidade do sacrifício de Jesus para além das aparências e que, ao fazê-lo, cumpriu seu papel na grande obra de libertação espiritual. A partir da compreensão gnóstica, ele se torna um arquétipo do buscador, do iniciado que, ao abrir mão das ilusões do mundo, alcança uma visão que transcende o bem e o mal, e que compreende a redenção como a libertação final. Assim, o Evangelho de Judas é mais do que um texto; é um convite para olhar para dentro, buscar a verdade e abraçar o mistério que se encontra além das palavras.

Capítulo 2
Judas e Jesus

A figura de Judas Iscariotes, ao longo da história cristã, assumiu a face do traidor supremo, aquele que, por trinta moedas de prata, entregou seu mestre e amigo. Entretanto, no Evangelho de Judas, uma nova e profunda camada de complexidade é revelada nessa relação entre Judas e Jesus, uma que parece transcender qualquer noção comum de traição. Judas, por essa perspectiva, não é um simples apóstolo, mas o escolhido para receber um conhecimento secreto que apenas ele seria capaz de compreender e, através de sua ação, completar o plano que Jesus pretendia. Esse evangelho desafia o entendimento tradicional e revela um relacionamento mais íntimo e profundo, fazendo com que o leitor questione a simplicidade das representações históricas e examine Judas sob uma luz diferente, não como vilão, mas como um confidente essencial, incumbido de uma missão incompreendida.

No Evangelho de Judas, a ligação entre os dois transcende os laços de amizade que unem Jesus a seus outros discípulos. Em um cenário espiritual onde os mistérios do cosmos e as verdades divinas são concedidos apenas a poucos, Jesus escolhe Judas para um papel singular, o que implica que nele há algo que os demais não têm. Essa eleição não é um simples favoritismo ou uma predileção casual. Antes, parece tratar-se de uma afinidade espiritual, uma compreensão silenciosa entre mestre e discípulo. Judas é aquele que, além da adoração e da fé, compreende a necessidade do sacrifício, não apenas para o destino de Jesus, mas como parte de uma grande revelação cósmica. Nesse sentido, Judas assume uma posição complexa e misteriosa, onde sua "traição" é, na realidade, uma prova de confiança, uma tarefa para a qual apenas ele seria capaz de cumprir.

A natureza dessa relação sugere uma conexão entre Jesus e Judas que vai além dos ensinamentos ordinários e das lições públicas. Nos diálogos retratados no Evangelho de Judas, percebe-se que Jesus vê nos outros discípulos uma fé cega, uma crença arraigada nas aparências e na superficialidade. Eles olham para Jesus como o Messias prometido, o libertador da opressão, o milagreiro que virá restaurar o reino de Deus na Terra. Contudo, para Jesus, esta visão representa uma compreensão limitada e confusa de sua missão. Ele vê, em Judas, uma abertura para um entendimento mais profundo — uma percepção do reino espiritual que transcende o poder terreno e a salvação como imaginada pelo resto do grupo.

Nos diálogos entre Jesus e Judas descritos nesse evangelho, há uma tensão latente que, paradoxalmente, revela a confiança mútua. Jesus confia a Judas informações que outros discípulos não receberiam, um tipo de saber que está velado sob a névoa da ilusão terrena e das estruturas materiais. Judas, por sua vez, revela sua fé não ao simplesmente seguir Jesus como os demais, mas ao aceitar um destino sombrio e desonrado, sabendo que, aos olhos do mundo, será marcado para sempre como traidor. Ele sabe que, ao cumprir seu papel, sofrerá a condenação da história, mas isso não o desvia de seu propósito. Seu entendimento do plano de Jesus é tão profundo que o leva a transcender a imagem e o julgamento dos outros discípulos, das autoridades e de todos aqueles que viriam a seguir a história contada pelos evangelhos canônicos.

O Evangelho de Judas, ao retratar essa complexa aliança, desafia a visão binária e simplista de bem contra o mal. Ao invés disso, apresenta Judas como alguém que abraça o paradoxo de ser o traidor aos olhos do mundo para ser fiel aos olhos de Jesus. É através de Judas que Jesus pode cumprir o sacrifício necessário para transcender o mundo material e alcançar o verdadeiro reino divino. Para os gnósticos, o sacrifício de Jesus não é um pagamento pelos pecados do mundo, mas uma passagem necessária para libertar-se das amarras impostas pelo Demiurgo. Judas entende isso de maneira única e visceral, reconhecendo que sua própria "traição" é, na verdade, um ato de libertação, tanto para Jesus quanto para ele próprio.

Judas aparece, nesse evangelho, como o discípulo que questiona, que duvida, que vê além do que é evidente. Ele desafia as convenções e a autoridade aparente do mestre, não por rebeldia, mas por uma percepção que os demais discípulos não compartilham. Jesus o escolhe, pois vê nele uma clareza que está ausente nos outros. Enquanto os demais buscam explicações e esperam respostas prontas, Judas se permite enxergar o mundo por uma ótica mais profunda, aceitando a ambiguidade e a complexidade do que lhe é revelado. Ele se torna, assim, uma figura central no drama espiritual que Jesus encena, um agente que, através de sua ação, não só confirma o destino de Jesus, mas ativa sua própria redenção e compreensão.

A entrega de Jesus por Judas é, assim, mais do que um evento trágico; é um ato com propósito oculto, incompreendido pelos demais. O Evangelho de Judas indica que o destino de Jesus não poderia ser cumprido sem a ação de Judas, pois, para se libertar do mundo material, Jesus precisava transcender a própria vida. E para isso, ele necessitava de um agente que permitisse essa passagem, alguém que, com pleno entendimento do plano espiritual, aceitasse ser o vetor dessa transformação. Judas, portanto, aceita o papel que outros considerariam maldito. Ele carrega o peso de sua missão com um entendimento silencioso, ciente de que o que parece ser uma traição aos olhos do mundo é, na realidade, um ato de amor profundo e de compreensão.

Para o gnosticismo, essa inversão de papéis é central para sua filosofia. No sistema gnóstico, o Demiurgo é o criador do mundo material e das estruturas de opressão e ignorância que aprisionam a alma. No entanto, é através da subversão e da aceitação do paradoxo que a alma pode se libertar. Judas encarna esse princípio ao se tornar o "traidor" para que o verdadeiro propósito de Jesus seja cumprido. Ele assume o ônus do julgamento histórico e da condenação eterna para garantir que

Jesus seja liberto, não das autoridades romanas ou dos líderes religiosos de sua época, mas das correntes da existência material, da prisão imposta pelo Demiurgo.

O diálogo entre Judas e Jesus no evangelho apócrifo transborda de um simbolismo que escapa à compreensão literal. Jesus revela a Judas os segredos do cosmos, as camadas da realidade que estão além da percepção humana comum. Ele fala de um reino espiritual superior, onde o Deus Supremo reina, em contraste com o domínio do Demiurgo, que mantém as almas humanas presas à materialidade. Judas, ao ouvir estas revelações, percebe que o destino de Jesus, sua crucificação e morte, é, na verdade, um retorno à fonte original. Ele compreende que, ao entregar Jesus, ele não o condena, mas o liberta. E, ao fazer isso, liberta também a si mesmo, pois participa do mistério divino que transcende a compreensão humana.

Essa relação entre Jesus e Judas torna-se, assim, uma metáfora para a condição humana e o dilema gnóstico. Na visão gnóstica, todos os seres humanos estão presos no mundo material, enganados pelo Demiurgo, que se apresenta como o verdadeiro deus e oculta a existência do Deus Supremo. A libertação só é possível através do conhecimento, do despertar para a verdade escondida por trás da ilusão da vida material. Judas, ao aceitar o papel de traidor, simboliza a coragem de transcender as aparências e o julgamento dos outros para alcançar a verdade última. Ele representa o buscador gnóstico que, ao compreender a natureza ilusória do mundo, aceita o sacrifício necessário para alcançar o reino divino.

O evangelho também nos convida a refletir sobre a natureza do sacrifício e da redenção. Para os gnósticos, a redenção não é alcançada pela submissão ou pela obediência cega, mas pela superação do mundo material. Jesus, ao morrer, não está cumprindo uma exigência de vingança ou justiça, mas um rito de passagem que o reconecta ao Deus Supremo. Judas, ao cumprir seu papel, participa deste processo, transformando-se de traidor em redentor, pois é ele quem permite que Jesus escape das limitações da materialidade e retorne à luz. Esse conceito de redenção através do conhecimento e do sacrifício de ilusões representa um dos princípios centrais do gnosticismo e desafia as interpretações tradicionais da fé e da moralidade.

Além disso, o Evangelho de Judas introduz uma nova forma de enxergar a liderança espiritual. Jesus não é apenas o mestre, mas um guia que confia em seus discípulos para cumprir papéis específicos. Judas é escolhido não por sua fidelidade cega, mas por sua compreensão. Ele não é o discípulo que apenas obedece, mas aquele que, ao compreender o propósito do mestre, aceita uma responsabilidade terrível. Essa responsabilidade redefine sua posição na história e sua conexão com Jesus. Ele é o iniciado, aquele que vê além do que é aparente, o que o torna, paradoxalmente, mais próximo do mestre do que os outros apóstolos. A lealdade de Judas não se mede pela obediência, mas pela aceitação de um destino trágico, que é, em última instância, uma participação no plano divino.

A complexidade desse relacionamento nos permite uma reflexão profunda sobre as nuances do bem e do mal. Judas, nesse evangelho, transcende as noções binárias e se torna um símbolo de coragem e compreensão. Ele exemplifica o paradoxo gnóstico de que a verdadeira sabedoria é alcançada através do abandono das ilusões e da aceitação do sacrifício como caminho para a liberdade. Sua ação, à primeira vista condenável, é, para os olhos esclarecidos, um gesto de fidelidade ao propósito espiritual de Jesus. Ele representa o espírito gnóstico que busca a verdade acima das convenções e dos dogmas, e que vê no sacrifício um meio de alcançar a redenção.

O Evangelho de Judas não apenas reescreve a história de um dos personagens mais controversos da narrativa cristã, mas convida o leitor a reconsiderar a própria noção de traição e fidelidade. Judas, ao entregar Jesus, permite que o mestre complete seu destino, assumindo para si o fardo do julgamento histórico e do desprezo eterno. Em última análise, ele emerge como o discípulo que, ao compreender a missão espiritual de Jesus, aceita seu papel com coragem e resignação, sabendo que a verdade está além das aparências e que o sacrifício é o caminho para a libertação.

    Dessa forma, o Evangelho de Judas transforma a figura do traidor em uma chave para a compreensão do mistério divino. Judas é tanto o herói trágico quanto o redentor incompreendido, alguém que abraça o papel de vilão para servir a um propósito superior. Essa revelação nos desafia a questionar a natureza da fé, a profundidade dos laços espirituais e a complexidade do relacionamento humano com o divino. Ele representa, em sua entrega, não apenas o sacrifício de um mestre, mas o sacrifício de sua própria imagem, de sua reputação e da compreensão popular, tudo em nome de uma verdade que poucos poderiam ver.

Capítulo 3
O Conceito de Demiurgo

No coração do pensamento gnóstico, encontra-se a figura do Demiurgo, uma entidade que rege o mundo material com uma autoridade poderosa, mas limitada e profundamente imperfeita. Diferente da imagem de um Criador benevolente e todo-poderoso, o Demiurgo é um arquiteto cuja obra — o universo físico — é marcada pela ilusão e pela prisão da alma. Ele representa um deus menor, um governante enganador que, segundo a visão gnóstica, criou um mundo com falhas, onde o sofrimento e a ignorância reinam. O Evangelho de Judas coloca essa figura em uma perspectiva reveladora, pois é através de Jesus que Judas é iniciado na compreensão desse ser, desvendando-lhe a natureza ilusória e opressiva do universo material, criado e mantido pelo Demiurgo.

Para entender a profundidade do conceito gnóstico do Demiurgo, é preciso perceber que ele não é o Deus Supremo, a fonte verdadeira da luz e da sabedoria. Este Deus Supremo reside em um plano espiritual superior, completamente separado da matéria, e é a origem de todas as coisas puras e eternas. O Demiurgo, em contrapartida, atua em um domínio inferior, preso ao mundo que criou e à própria ignorância de sua posição limitada. Ele acredita, erroneamente, ser o verdadeiro Deus, e seu desejo de controle e poder gera um universo que reflete suas próprias limitações e sua falta de conhecimento sobre o que está além de si.

No Evangelho de Judas, Jesus revela a Judas a verdade sobre essa entidade e o universo material. Ele explica que o Demiurgo e os seres que o assistem — os Arcontes — controlam o mundo físico, influenciando as vidas humanas e mantendo as almas em um estado de amnésia espiritual. Esses Arcontes são como guardiões invisíveis da prisão material, entidades que exercem seu poder através de estruturas de autoridade e das ilusões que mantêm os homens cegos para a verdade espiritual. A revelação feita a Judas não é apenas sobre a existência do Demiurgo, mas sobre a necessidade de transcendê-lo, de romper os laços com o mundo físico e buscar a luz verdadeira, que só pode ser encontrada no plano do Deus Supremo.

Esse conceito de um criador limitado e egoísta surge em forte contraste com a visão monoteísta tradicional. Na maioria das religiões, o Criador é absoluto, perfeito e onipotente. No entanto, no gnosticismo, o Demiurgo é retratado quase como uma força de oposição à verdadeira divindade. Ele não é mal no sentido absoluto, mas é um ser aprisionado em sua própria ignorância, incapaz de entender a profundidade da criação que transcende o mundo material que ele formou. A narrativa gnóstica sugere que o Demiurgo, ao criar o universo físico, usou matéria densa, que aprisiona a luz espiritual e limita a expansão das almas, confinando-as em ciclos de sofrimento e ilusão.

A figura do Demiurgo é emblemática para o entendimento gnóstico da condição humana. Segundo essa tradição, os seres humanos são seres divinos aprisionados em corpos materiais, separados de sua verdadeira origem pela barreira da carne e pelas armadilhas da matéria. Os ensinamentos de Jesus a Judas, no evangelho apócrifo, enfatizam a importância do conhecimento como caminho para a libertação. Somente através do conhecimento — ou gnose — é possível desvendar a verdade sobre a própria existência, sobre a natureza do Demiurgo, e sobre o verdadeiro Deus que permanece além das limitações do mundo material. É essa revelação que Judas recebe, um segredo que o capacita a compreender a missão de Jesus e a natureza de sua própria vida.

Ao desvendar o papel do Demiurgo, Jesus revela que o mundo é, em essência, uma ilusão. Esse conceito é uma marca central do pensamento gnóstico, que vê o mundo material não como uma realidade absoluta, mas como uma construção temporária e imperfeita. Para os gnósticos, a experiência terrena não é o propósito final da existência, mas uma fase de esquecimento, um véu que cobre a verdadeira essência divina da alma. Esse véu é mantido pelo Demiurgo e seus Arcontes, que governam com o intuito de perpetuar o ciclo de ignorância e aprisionamento. Dessa forma, o gnosticismo não rejeita apenas o mundo físico, mas também as instituições e as crenças que sustentam o poder do Demiurgo, incentivando uma busca por uma realidade superior e espiritual.

A revelação do Demiurgo feita por Jesus a Judas é, assim, um convite a transcender. Jesus explica a Judas que o propósito de sua vinda ao mundo não é para reinar ou estabelecer um domínio físico, mas para romper o controle do Demiurgo sobre as almas e indicar o caminho de retorno ao Deus Supremo. Esse processo de retorno, segundo o evangelho, exige que o buscador desfaça-se das ilusões materiais e alcance a compreensão de que o mundo físico é uma criação passageira, destinada à dissolução. O sacrifício de Jesus, então, é interpretado não como um evento de redenção dos pecados, mas como um ato de libertação espiritual, um meio para escapar da criação do Demiurgo e retornar à origem divina.

A importância de Judas nesse evangelho se torna mais clara à medida que Jesus lhe revela a verdadeira natureza do cosmos e do Demiurgo. Diferente dos outros discípulos, que aguardam uma salvação no mundo físico, Judas entende que o propósito da vinda de Jesus é mais profundo e místico. Jesus não busca reformar o mundo material, mas iluminar as almas que estão prontas para despertar, aquelas que têm a coragem de olhar além das aparências e se libertar do poder dos Arcontes. Esse despertar exige uma ruptura com as crenças estabelecidas e com a obediência cega às leis e normas impostas pelo Demiurgo. Judas, ao receber essa compreensão, se torna um agente do plano divino, aquele que ajuda Jesus a se libertar, cumprindo o propósito que o próprio Demiurgo não consegue entender.

A presença do Demiurgo e sua influência na criação representam, também, a origem dos sofrimentos humanos. A dor, a injustiça, a opressão e o caos são vistos como expressões da imperfeição desse criador inferior. Ao contrário do Deus Supremo, que é fonte de luz e perfeição, o Demiurgo criou um mundo onde a escuridão e a ignorância coexistem com lampejos de luz espiritual. Essa dualidade é parte do plano do Demiurgo para manter as almas distraídas e confusas, presas em ciclos intermináveis de desejo e insatisfação. Ele cria, através de seus Arcontes, sistemas de controle — incluindo instituições religiosas, políticas e sociais — que mantêm a humanidade em um estado de escravidão espiritual, distantes do verdadeiro conhecimento e de sua própria essência divina.

No Evangelho de Judas, Jesus explica que o sacrifício é um ato de transcendência e libertação da matéria. Ele sabe que, para se libertar das limitações impostas pelo Demiurgo, deve morrer no corpo físico e retornar ao plano espiritual. Judas, por sua vez, compreende que seu papel é instrumental para a execução desse plano, pois é através de sua ação que Jesus será entregue ao destino que o levará de volta ao Deus Supremo. Ao realizar esse papel, Judas se torna uma figura paradoxal: ele é o traidor aos olhos do mundo, mas o libertador segundo a perspectiva espiritual. Sua ação rompe o ciclo do poder do Demiurgo, abrindo uma porta para que outros possam também buscar o conhecimento e transcender a ilusão do mundo físico.

A visão gnóstica do Demiurgo desafia o conceito de autoridade divina. Em muitas tradições religiosas, o poder e a autoridade são expressões do sagrado e do justo. Mas para os gnósticos, o poder do Demiurgo é uma expressão de sua própria limitação e ignorância. Ele governa porque não compreende o que está além de sua própria criação, e sua autoridade se baseia na manipulação e na opressão. Ao se autoproclamar o Deus verdadeiro, o Demiurgo impõe um sistema de crenças e de submissão que mantém as almas afastadas do Deus Supremo. A revelação dessa estrutura de dominação é uma das chaves para a libertação espiritual, pois permite ao buscador gnóstico ver além das aparências e reconhecer o verdadeiro inimigo da alma.

    O papel dos Arcontes, sob o comando do Demiurgo, é outro aspecto importante dessa visão cosmológica. Eles são descritos como forças que atuam no mundo para fortalecer a ilusão e manter a humanidade em ignorância. Cada Arconte exerce uma função específica de controle, seja através de leis, normas sociais ou instituições religiosas, todas projetadas para desviar a alma de sua verdadeira origem. No Evangelho de Judas, Jesus expõe essa rede de opressão espiritual e deixa claro que a única forma de se libertar é através do conhecimento. Somente aqueles que compreendem a natureza ilusória do mundo podem resistir à influência dos Arcontes e buscar a verdadeira luz que emana do Deus Supremo.

    A conexão entre o Demiurgo e o mundo material leva à conclusão gnóstica de que a matéria, em si mesma, é um véu, uma armadilha que esconde a realidade espiritual. Para os gnósticos, a matéria é a substância da prisão, o elemento que impede a ascensão da alma. Jesus, no Evangelho de Judas, transmite a Judas a ideia de que o mundo físico é transitório e que a verdadeira vida se encontra além dele. Ele revela que, para se libertar, é necessário transcender os desejos e as necessidades materiais, compreendendo que eles são parte do engano do Demiurgo para manter a alma aprisionada. Essa visão radical reorienta o propósito da vida humana: não se trata de prosperar no mundo, mas de superá-lo, de transcender as limitações que ele impõe e buscar a união com o Deus Supremo.

    A perspectiva gnóstica, como apresentada no Evangelho de Judas, não condena o Demiurgo com ódio, mas com desdém pelo engano e pela ignorância que ele perpetua. Ao compreender sua natureza, o buscador gnóstico desenvolve uma espécie de indiferença espiritual em relação ao mundo material e à autoridade do Demiurgo. É através dessa indiferença que a alma pode começar sua jornada de libertação, desapegando-se dos prazeres, das dores, dos medos e das esperanças que o mundo material oferece. Essa rejeição é o primeiro passo para alcançar a verdadeira gnose, um saber que não é apenas intelectual, mas uma experiência direta da realidade espiritual que transcende todas as limitações.

Em última análise, o Evangelho de Judas nos leva a refletir sobre a condição humana como prisioneira da matéria e sobre a possibilidade de uma libertação que vai além das promessas das religiões tradicionais. Judas, ao receber a revelação do Demiurgo, vê o mundo com novos olhos. Ele entende que seu papel, sua suposta traição, não é uma falha, mas uma participação no plano de libertação espiritual que Jesus propõe. Ele aceita o peso desse conhecimento e o destino que ele traz, sabendo que a verdade está além do que os olhos podem ver e que o sacrifício de Jesus é a chave para libertar as almas do poder do Demiurgo.

Capítulo 4
O Deus Supremo

Na cosmovisão gnóstica, o conceito de Deus Supremo transcende qualquer entendimento comum da divindade. Ele não é o criador do mundo material e tampouco se manifesta de maneira tangível ou direta na existência terrena. O Deus Supremo é uma entidade de natureza completamente espiritual, puro em essência e distinto do mundo físico que nos cerca. Ao contrário do Demiurgo, este Deus Supremo não age diretamente na criação material; ele é a fonte de tudo o que é verdadeiramente divino, emanando luz e sabedoria em planos de existência que transcendem a percepção humana. No Evangelho de Judas, Jesus apresenta a Judas uma visão única desse Deus Supremo, revelando-o como a verdadeira fonte do bem, um ser além da dualidade e das limitações.

Esse conceito gnóstico do Deus Supremo contrasta fortemente com as concepções tradicionais das religiões abraâmicas. Enquanto o Deus da tradição ortodoxa é frequentemente associado ao papel de criador e legislador, o Deus Supremo do gnosticismo é uma entidade que transcende todas as formas de limitação, sem qualquer relação direta com a criação do universo material. Para os gnósticos, o Deus Supremo não é responsável pelas estruturas deste mundo nem pelos ciclos de dor e sofrimento que nele se desenrolam. Ao contrário, ele habita um reino espiritual inatingível pelo Demiurgo e por qualquer ser que esteja preso ao plano material.

Jesus, no Evangelho de Judas, transmite a Judas a ideia de que o Deus Supremo é a verdadeira fonte de luz e conhecimento, sendo absolutamente distinto do Demiurgo, que governa o mundo material. Essa distinção é central para a compreensão gnóstica do cosmos, pois esclarece a diferença entre a realidade espiritual, que é eterna e pura, e a realidade física, que é transitória e marcada por imperfeições. Jesus revela a Judas que as almas humanas provêm dessa fonte suprema, mas foram aprisionadas na matéria pelo Demiurgo e seus Arcontes. Assim, o objetivo da existência não é apenas viver conforme as normas do mundo, mas despertar para a verdade oculta e buscar o retorno à luz divina do Deus Supremo.

A natureza do Deus Supremo é complexa e inefável. No gnosticismo, ele é descrito como um ser de pura unidade, em que não há separação, tempo, ou divisão. Diferente do Demiurgo, que possui características humanas como o desejo e o orgulho, o Deus Supremo é completamente distinto e não interfere diretamente na criação física. Ele é como uma luz inatingível, um ser que irradia amor e sabedoria, mas que permanece invisível aos olhos dos que estão presos ao mundo material. Para os gnósticos, essa luz é o verdadeiro lar da alma, uma fonte de paz que ultrapassa a compreensão racional e que só pode ser experimentada através do conhecimento (gnose), um saber que transcende os limites da linguagem e da razão.

No Evangelho de Judas, Jesus descreve o Deus Supremo de maneira enigmática, usando metáforas e parábolas que apenas Judas parece compreender em sua profundidade. Enquanto os outros discípulos esperam que Jesus estabeleça um reino físico, Judas começa a entender que a verdadeira missão de Jesus não envolve o mundo material, mas a libertação espiritual. Ele compreende que o Deus Supremo não busca adoração ou sacrifício, pois essas são demandas do Demiurgo. Ao invés disso, o Deus Supremo deseja que as almas despertem para sua verdadeira natureza e se reconectem com ele, libertando-se das ilusões da materialidade e retornando ao reino da luz.

Esse despertar exige um processo de iluminação interior, onde o indivíduo reconhece a natureza ilusória do mundo e do próprio ego. Para os gnósticos, o Deus Supremo não interfere diretamente na vida humana porque ele está além da dualidade do bem e do mal, acima das forças que moldam o universo físico. Ele representa a paz, a harmonia e a plenitude que aguardam aqueles que ultrapassam o ciclo das reencarnações e das ilusões materiais. A jornada espiritual gnóstica é, portanto, uma viagem em direção a essa unidade divina, onde o sofrimento e o desejo se dissolvem, e a alma finalmente repousa na verdadeira luz do Deus Supremo.

Ao longo de seu diálogo com Judas, Jesus reforça a ideia de que a busca pelo Deus Supremo não se encontra nas estruturas materiais ou nas práticas religiosas externas. Ele instrui Judas a abandonar a busca pela aprovação do mundo, pois o verdadeiro caminho é interior e exige uma rendição completa das expectativas terrenas. Essa mensagem subverte as tradições ortodoxas que valorizam os ritos e as leis como caminhos para se aproximar de Deus. Para os gnósticos, esses caminhos são apenas enganosos, formas de aprisionar a alma nas limitações do mundo material. A verdadeira adoração ao Deus Supremo é silenciosa, realizada na introspecção e no abandono do ego.

O conceito de emanações, também chamado de pleroma, é fundamental para a compreensão do Deus Supremo no gnosticismo. No Evangelho de Judas, Jesus menciona brevemente essas emanações como manifestações indiretas da luz divina. O Deus Supremo, em sua transcendência, não se manifesta diretamente no mundo material, mas através de uma série de emanações que, gradualmente, se distanciam da pureza original à medida que se aproximam da matéria. Essas emanações são chamadas de Eons, seres espirituais que formam um tecido entre o reino divino e o universo físico. Entre os Eons, destaca-se Sophia, a sabedoria divina, que em algum momento cometeu um erro, gerando o Demiurgo, o criador do mundo material.

Sophia, personificação da sabedoria, é uma figura chave dentro do gnosticismo, pois representa tanto a conexão com o divino quanto a tragédia de se afastar dele. A criação do Demiurgo surge, segundo a tradição gnóstica, de um desejo de Sophia de compreender o Deus Supremo de forma isolada, sem união com o resto do pleroma. Esse desejo gerou um ser que é uma sombra do divino, mas que acredita ser o próprio Deus. O

Demiurgo, então, cria o universo físico, refletindo as limitações e a ignorância que herdou de sua origem. A criação é, assim, uma tentativa de se imitar o verdadeiro reino espiritual, mas acaba sendo uma distorção, marcada pela dualidade e pelo sofrimento.

    O Deus Supremo, contudo, permanece distante desse drama cósmico. Ele observa, mas não interfere, pois sabe que o retorno das almas ao reino espiritual depende de sua própria iluminação. O sacrifício de Jesus, nesse contexto, não é uma concessão ao Demiurgo, mas um meio de despertar as almas para sua verdadeira origem. Ele representa um elo entre o reino da matéria e o reino do espírito, um guia para aqueles que estão prontos para romper com as ilusões impostas pelo Demiurgo e retornar à fonte original.

    Para os gnósticos, o Deus Supremo é acessível apenas aos que alcançam o verdadeiro conhecimento, o que significa libertar-se dos enganos do mundo material. Este processo de retorno é um movimento de purificação e ascensão, onde a alma, através do entendimento, se despoja das amarras impostas pela carne e pelas necessidades mundanas. Na prática gnóstica, esse caminho exige disciplina, contemplação e uma constante rejeição dos prazeres e das distrações do mundo físico. Aqueles que atingem essa compreensão são considerados despertos, pois não mais se identificam com o ego e com as falsas identidades criadas pelo Demiurgo.

    A mensagem de Jesus no Evangelho de Judas é, em essência, um chamado para que Judas, e aqueles que puderem compreender, transcendam o mundo material e busquem a união com o Deus Supremo. Jesus enfatiza que o verdadeiro poder não reside nas estruturas humanas, mas na libertação da alma. Ele revela a Judas que sua traição, na realidade, será um ato de serviço ao Deus Supremo, pois permitirá que Jesus liberte sua alma do aprisionamento material. Essa revelação coloca Judas em uma posição única, como alguém que participa do plano divino e, ao mesmo tempo, compreende a futilidade das aspirações humanas diante da grandeza do Deus Supremo.

O Deus Supremo, para o gnosticismo, não é um juiz ou um soberano que exige obediência. Ele é um ser de pura consciência, que oferece a todos a possibilidade de retorno através do conhecimento. A gnose não é uma revelação imposta, mas uma descoberta que surge de dentro, quando a alma se torna capaz de ver além das ilusões que a cercam. Esse processo de iluminação é o verdadeiro caminho da redenção, um caminho que desafia as normas e crenças das instituições tradicionais. Para aqueles que compreendem essa mensagem, o Deus Supremo não está em templos ou em escrituras, mas na profundidade do próprio ser, na centelha divina que habita cada alma.

No contexto do Evangelho de Judas, o Deus Supremo é uma presença sutil, quase silenciosa, que permeia o universo como um eco distante, mas sempre acessível para aqueles que o buscam com sinceridade. Ele não impõe seu poder, pois a verdadeira liberdade é uma escolha que cada alma deve fazer por si mesma. Jesus, ao compartilhar essa compreensão com Judas, entrega-lhe a chave para uma liberdade espiritual que transcende qualquer outra forma de existência. Ele explica que o Deus Supremo é a resposta para o vazio e o sofrimento que o mundo material não pode preencher, uma fonte de paz e plenitude que só pode ser experimentada quando a alma se rende à sua verdadeira natureza.

Essa compreensão final do Deus Supremo representa a culminação do pensamento gnóstico, onde a dualidade e o conflito são resolvidos na união com a luz. O gnosticismo não promete uma salvação fácil ou uma redenção automática, mas uma jornada de autoconhecimento que culmina no retorno ao Deus Supremo. Judas, ao entender isso, aceita seu papel no sacrifício de Jesus, não como uma traição, mas como uma participação no desvelamento da verdade. Ele se torna, então, não o vilão da história, mas um aliado na missão divina de Jesus, um buscador que, através do conhecimento, redescobre sua conexão com o Deus Supremo.

A transcendência final é o destino de todas as almas, segundo o gnosticismo. O Deus Supremo, ao contrário do

Demiurgo, não governa com medo ou controle. Ele representa a liberdade absoluta, a verdade que está além das palavras, uma união completa e inquebrantável com a essência do cosmos. Jesus, ao revelar essa verdade a Judas, demonstra que o caminho para o Deus Supremo exige coragem, desapego e a vontade de abandonar tudo o que é terreno. É um chamado para transcender o ego e as ilusões e retornar à fonte, onde não há mais separação, apenas a paz eterna do Deus Supremo, aguardando aqueles que encontram o verdadeiro conhecimento e se entregam ao mistério divino.

Capítulo 5
Revelações de Jesus sobre o Cosmos

Nas profundezas das conversas entre Jesus e Judas, o Evangelho de Judas nos apresenta uma visão do cosmos que foge ao entendimento comum, mergulhando em conceitos de emanações espirituais, hierarquias e esferas que se distanciam do universo material conhecido. Jesus, enquanto instrui Judas, compartilha uma revelação cósmica que expande a compreensão do discípulo sobre o universo. Ele revela que o mundo físico e visível é apenas uma parte ínfima de uma criação muito mais vasta e complexa, composta por múltiplas camadas e habitada por entidades espirituais de diferentes níveis de consciência. Judas, ao ouvir essas revelações, começa a entender que a realidade que conhecia até então era apenas uma ilusão, uma prisão da qual as almas deviam escapar para alcançar o verdadeiro conhecimento.

Para os gnósticos, o cosmos é estruturado em camadas espirituais que se distanciam progressivamente do Deus Supremo. Este Deus Supremo é a fonte de toda a luz e perfeição, mas, para os seres humanos, ele permanece quase inacessível. Entre ele e o universo material, há uma série de emanações divinas, conhecidas como Eons, que formam uma espécie de ponte entre o plano espiritual puro e o mundo físico imperfeito. Cada Eon é um aspecto da divindade, uma manifestação da perfeição e da sabedoria do Deus Supremo, mas que se torna cada vez mais obscurecida à medida que se afasta de sua origem. Jesus explica a Judas que esses Eons não são deuses no sentido tradicional, mas expressões do próprio Deus Supremo, cuja presença está além do alcance direto da percepção humana.

Essas revelações sobre o cosmos têm um papel fundamental no Evangelho de Judas, pois ajudam Judas a compreender a profundidade da missão de Jesus e a natureza de sua própria existência. Jesus revela que o mundo material, governado pelo Demiurgo e por seus Arcontes, é uma criação distorcida e limitada, incapaz de refletir a verdadeira luz do Deus Supremo. Os Arcontes, seres espirituais de nível inferior, atuam como guardiões desse mundo físico, assegurando que as almas permaneçam presas à matéria e afastadas da verdade. Essas entidades são, em essência, agentes do Demiurgo, trabalhando para perpetuar a ignorância e manter a ordem do cosmos físico. Elas governam não apenas o plano material, mas também as mentes dos homens, induzindo-os a seguir uma vida de desejos e apegos que os afastam do despertar espiritual.

Para os gnósticos, a realidade material é uma prisão, e a tarefa de Jesus é libertar aqueles que têm olhos para ver e ouvidos para ouvir. Jesus ensina a Judas que a criação do universo material foi um erro trágico, uma queda que resultou na separação da luz e da escuridão. A escuridão, simbolizada pelo Demiurgo e seus Arcontes, aprisiona a luz das almas humanas, mantendo-as em um ciclo interminável de nascimento, sofrimento e morte. Para escapar dessa condição, é necessário alcançar o verdadeiro conhecimento, ou gnose, que permite à alma lembrar-se de sua origem divina e buscar o caminho de retorno ao Deus Supremo. Jesus, portanto, aparece como o portador da luz, aquele que conhece a verdade sobre o cosmos e sobre a condição das almas, e que veio ao mundo para transmitir esse conhecimento àqueles que estão prontos para recebê-lo.

A cosmologia gnóstica, conforme descrita por Jesus a Judas, é composta por uma série de planos espirituais. Estes planos são como degraus de uma escada cósmica que leva de volta ao Deus Supremo. Em cada nível, a luz se torna mais pura, menos contaminada pelas imperfeições do mundo material. No nível mais elevado, encontra-se o reino do Deus Supremo, onde não há divisão nem dualidade, apenas a unidade e a paz absolutas. Mas à medida que a criação se afasta desse reino, os níveis espirituais tornam-se mais densos e distantes da verdadeira luz, até que finalmente se materializam no universo físico, que é o nível mais baixo e mais afastado do divino. Esse afastamento gera o sofrimento e a ignorância que caracterizam a existência humana.

A criação do mundo material é, segundo a visão gnóstica, uma consequência de um erro ou de uma tentativa fracassada de emular o divino. Sophia, uma das Eons mais elevadas e uma personificação da sabedoria, tentou compreender o Deus Supremo de maneira isolada, sem o apoio do restante do pleroma. Este ato de curiosidade resultou na criação do Demiurgo, uma entidade ignorante da verdadeira natureza divina, que acreditava ser o próprio Deus. Com o tempo, o Demiurgo criou o universo físico, enchendo-o de suas próprias imperfeições e limitações. Jesus revela a Judas que esta história é a base da existência material e que o papel do verdadeiro buscador é ultrapassar essa criação e retornar à fonte original de toda luz e sabedoria.

Jesus explica a Judas que a estrutura do cosmos é dividida entre luz e escuridão, com cada ser espiritual buscando o retorno à luz divina. Para os gnósticos, a salvação não é um evento externo, mas um processo de despertar interior, onde a alma reconhece sua verdadeira origem e começa a trilhar o caminho de volta. No entanto, o Demiurgo e seus Arcontes fazem de tudo para impedir esse retorno, mantendo a humanidade distraída com as ilusões do mundo material e os desejos passageiros. Eles introduzem leis e instituições que reforçam o apego à matéria e promovem a submissão às autoridades terrestres, desviando a atenção das pessoas da busca espiritual e mantendo-as presas à roda de reencarnação e sofrimento.

O caminho para a libertação, como Jesus revela a Judas, passa pela compreensão da verdadeira natureza do cosmos e da própria alma. Ele explica que a alma humana é uma centelha de luz aprisionada, uma partícula da própria essência divina do Deus Supremo que foi coberta pelas sombras do mundo material. O papel do buscador gnóstico é redescobrir essa centelha, através de práticas de autoconhecimento e de desapego, e escapar da influência do Demiurgo. A missão de Jesus é servir como um guia para essa jornada espiritual, um mestre que não ensina doutrinas externas, mas que aponta o caminho para a verdade interior.

Essas revelações sobre o cosmos trazem implicações profundas para o entendimento gnóstico da existência humana. Para os gnósticos, a vida material é transitória e ilusória, uma condição que deve ser superada e não celebrada. A verdadeira vida começa quando a alma consegue se libertar das amarras da matéria e reencontrar sua origem no reino espiritual. Jesus ensina a Judas que essa libertação não depende de práticas religiosas formais, mas de uma transformação interior que desafia as normas e expectativas da sociedade. A verdadeira salvação é um despertar que rompe com o poder do Demiurgo e dos Arcontes, permitindo que a alma retorne ao Deus Supremo, onde a verdadeira paz e plenitude residem.

Os Eons, como emanações do Deus Supremo, também desempenham um papel significativo na jornada espiritual. Cada Eon representa uma qualidade divina, um aspecto da perfeição do Deus Supremo que ajuda a guiar as almas em sua ascensão. Eles não interferem diretamente no mundo material, mas oferecem inspiração e apoio para aqueles que estão prontos para despertar. Ao longo dos níveis espirituais, esses Eons formam uma hierarquia de luz que conduz as almas de volta à fonte original, fortalecendo-as em sua jornada e ajudando-as a resistir às tentações e distrações impostas pelo Demiurgo.

Jesus compartilha com Judas que o cosmos é uma arena de conflito espiritual, onde a luz e a escuridão se confrontam constantemente. No entanto, essa luta não é uma batalha convencional de bem contra o mal, mas uma luta para despertar do sono espiritual. Os seres humanos são incentivados pelo Demiurgo a permanecerem adormecidos, imersos nas ilusões da matéria e alheios à sua verdadeira natureza. A única maneira de escapar desse ciclo é através do conhecimento, que Jesus traz ao mundo como uma chave para a libertação. Ele não veio para estabelecer um reino na Terra, mas para recordar às almas de sua origem e mostrar-lhes o caminho para o reino espiritual.

A dualidade entre luz e escuridão é, portanto, uma ilusão que deve ser superada. A partir do momento em que a alma reconhece sua verdadeira natureza, ela percebe que o conflito entre os opostos é uma criação do Demiurgo, uma estratégia para manter as almas em seu domínio. O Deus Supremo está além da dualidade; nele, tudo é unidade e paz. A tarefa do gnóstico é, então, superar essa dualidade e integrar-se novamente ao todo, alcançando um estado de consciência que transcende as limitações da existência material e se alinha com a luz eterna do Deus Supremo.

As revelações que Jesus faz a Judas sobre o cosmos também incluem a ideia de que o universo físico está destinado à dissolução. Ao contrário da visão ortodoxa de uma criação que se perpetua eternamente, o gnosticismo acredita que o mundo material é temporário e será eventualmente absorvido de volta na luz. Para os gnósticos, a história da criação não é um início glorioso, mas uma queda que será corrigida quando as almas retornarem ao pleroma, e o universo físico desaparecer. Jesus explica que esse processo de retorno já está em andamento, e que seu papel, assim como o de Judas, é acelerar esse retorno, ajudando as almas a despertar e romper com as ilusões que as mantêm presas.

Capítulo 6
O Mundo Material como Ilusão

A percepção gnóstica do mundo material transcende a noção comum de que a realidade física é a única existência concreta. Para os gnósticos, o mundo material, longe de ser um dom da criação, é uma armadilha, uma prisão que oculta a verdadeira essência do ser humano e a separa da luz divina. No Evangelho de Judas, Jesus revela a Judas a natureza ilusória da materialidade, explicando como o mundo físico, que os homens habitam e valorizam, não passa de uma construção enganosa, um véu que esconde a realidade superior do Deus Supremo. Essa ilusão material é, de acordo com a cosmologia gnóstica, uma criação intencional do Demiurgo, cujo objetivo é manter as almas humanas cativas, distraídas pelas sensações, prazeres e limitações do corpo físico.

A ideia de que o mundo material é uma ilusão está enraizada na crença de que a criação física é imperfeita e limitada. Para os gnósticos, o universo não é uma obra de um Deus bondoso e todo-poderoso, mas de um criador menor, o Demiurgo, cuja ignorância ou arrogância levou-o a fabricar um mundo marcado por sofrimento, finitude e confusão. Jesus compartilha com Judas que este mundo é, em última análise, uma sombra da realidade verdadeira, uma simulação grosseira do pleroma, a plenitude divina onde residem as emanações do Deus Supremo. A alma humana, ao nascer na matéria, perde temporariamente sua conexão com essa fonte e, sob a influência do Demiurgo, esquece sua origem e sua natureza divina, passando a se identificar com o corpo e com os limites do mundo físico.

Jesus apresenta a materialidade como um obstáculo, um estado transitório que aprisiona a alma e a separa de seu potencial divino. No diálogo entre Jesus e Judas, ele explica que o apego à matéria é um impedimento à salvação e ao despertar espiritual. Os prazeres sensoriais, os desejos mundanos e as obrigações impostas pela existência material são, para o gnóstico, distrações que desviam a atenção da alma de sua busca pelo Deus Supremo. Ao viver uma vida centrada na matéria, o indivíduo se distancia cada vez mais de sua verdadeira natureza, submerso em uma existência vazia e repetitiva que reforça a ilusão e perpetua o esquecimento de sua origem divina.

Através das palavras de Jesus, o Evangelho de Judas oferece uma visão profundamente crítica das normas e valores do mundo material. Jesus expõe a Judas como as estruturas do mundo — o poder, as riquezas, a glória e o reconhecimento — são ilusões criadas para manter a alma cativa. O Demiurgo e os Arcontes utilizam essas ilusões para reforçar seu domínio, incentivando a humanidade a se prender a objetivos e prazeres efêmeros. O sistema material, sob o controle dessas forças inferiores, valoriza a superficialidade e incentiva o apego aos bens terrenos, à reputação e ao status, levando as almas a se esquecerem de sua verdadeira missão. Esse ciclo de desejo e insatisfação é o alicerce que sustenta o poder do Demiurgo sobre a humanidade, perpetuando a ignorância espiritual.

Essa ilusão do mundo físico também se manifesta na fragilidade e na impermanência de todas as coisas. Jesus explica que tudo o que pertence ao mundo material é temporário: o corpo envelhece e se deteriora, os bens são perdidos ou destruídos, e as relações humanas são marcadas pela mudança e pelo fim. Para o gnóstico, a busca por segurança ou satisfação no mundo material é fútil, pois nada nele é estável ou eterno. A verdadeira segurança, a verdadeira paz, só podem ser encontradas no plano espiritual, onde o Deus Supremo reina e onde a alma encontra sua verdadeira morada. Assim, o Evangelho de Judas convida o buscador a olhar além das aparências, a perceber que o que parece sólido e real não passa de um reflexo passageiro de algo muito mais profundo e permanente.

A superação da ilusão material é central para a libertação da alma. Jesus revela a Judas que a única maneira de escapar da prisão do Demiurgo é entender que o mundo físico é uma ilusão e que a verdadeira existência é espiritual. Esse entendimento não é apenas intelectual, mas uma transformação interior que exige o desapego das coisas materiais e o desenvolvimento de uma visão que transcende o visível. Ao se desapegar dos prazeres efêmeros e dos valores mundanos, a alma começa a relembrar sua origem e a sentir a presença do Deus Supremo. Esse processo de desapego é, para os gnósticos, o caminho para a liberdade, pois permite que a alma rompa as correntes que a prendem ao ciclo de reencarnações e sofrimento imposto pelo Demiurgo.

A libertação do mundo material é um ato de coragem e sabedoria. Jesus encoraja Judas a superar o medo da morte, o apego ao corpo e o desejo de reconhecimento, pois esses são os grilhões que o mantêm preso à matéria. No gnosticismo, a morte do corpo não é um fim a ser temido, mas uma oportunidade para a alma se libertar e retornar ao seu estado divino. No entanto, essa libertação não é automática; ela depende do conhecimento, do despertar da consciência para a verdadeira natureza do cosmos e da ilusão. Aqueles que morrem ainda presos às ilusões do mundo material continuam presos ao ciclo de reencarnação e à manipulação dos Arcontes, retornando repetidamente ao plano físico até que estejam prontos para despertar.

O conhecimento (gnose) é, portanto, o caminho para desfazer a ilusão e alcançar a salvação. No Evangelho de Judas, Jesus apresenta a Judas a verdade oculta que pode libertar a alma, revelando a natureza ilusória do mundo e a existência do Deus Supremo. Ao compreender essa verdade, a alma se reconecta com sua essência divina e vê o mundo com novos olhos, reconhecendo que todas as suas preocupações e desejos eram apenas distrações que a impediam de alcançar a paz verdadeira. Esse conhecimento é uma forma de iluminação que dissolve as trevas da ignorância e permite que a alma contemple o esplendor da luz divina, uma luz que não se apaga e que não depende de circunstâncias materiais.

O desapego do mundo material não significa uma rejeição completa da existência terrena, mas uma nova forma de enxergar o que é realmente importante. Para os gnósticos, viver no mundo sem ser do mundo é a chave para a liberdade espiritual. Jesus ensina a Judas que ele deve viver sua vida com o entendimento de que tudo o que é físico é transitório e ilusório. Isso permite que o buscador gnóstico participe da vida de maneira serena e desinteressada, sem se deixar escravizar pelas ambições e ansiedades que afligem a maioria das pessoas. O desapego é, assim, uma prática de constante lembrança, onde o buscador mantém sua consciência voltada para o plano espiritual, reconhecendo que seu verdadeiro lar é o reino do Deus Supremo.

No entanto, a compreensão da ilusão material não é fácil. Jesus alerta a Judas que o mundo oferece inúmeras armadilhas que seduzem e distraem a alma. Os Arcontes, agentes do Demiurgo, são mestres em criar ilusões que parecem satisfatórias e necessárias, mas que, na verdade, aprisionam a alma em um ciclo interminável de desejo e frustração. Eles utilizam as necessidades básicas e os desejos humanos como ferramentas para manter as almas cativas, levando-as a buscar felicidade em coisas passageiras e a esquecer a fonte de verdadeira paz. Jesus explica que o primeiro passo para a libertação é reconhecer essas ilusões e resistir à tentação de encontrar propósito e sentido nas coisas materiais.

Assim, o Evangelho de Judas oferece uma crítica à busca humana por poder, fama e riqueza, mostrando que esses são os instrumentos usados pelo Demiurgo para manter o controle sobre as almas. Judas, ao compreender a natureza ilusória do mundo material, é encorajado a abandonar suas ambições terrenas e a seguir o caminho da sabedoria. Jesus revela que o verdadeiro tesouro não está em acumular bens, mas em cultivar a paz interior e o conhecimento que liberta a alma. Essa rejeição dos valores mundanos não é um convite à pobreza ou à ascese extremada, mas um chamado para priorizar o que é eterno e transcendente, vivendo de acordo com a verdade que Jesus lhe revela.

A ilusão do mundo material é, portanto, um dos temas centrais do Evangelho de Judas e do gnosticismo. Jesus ensina que a realidade física, com todas as suas belezas e horrores, é uma sombra do verdadeiro mundo espiritual. O objetivo do buscador gnóstico é superar essa ilusão, enxergar além das aparências e encontrar a luz que brilha além do véu da matéria. Judas, ao ser instruído por Jesus, compreende que a verdadeira realidade é espiritual e que o Deus Supremo aguarda pacientemente o retorno das almas que despertaram do sono da ignorância. Essa jornada em direção à verdade é o caminho para a redenção, um processo de autoconhecimento e de desapego que permite à alma libertar-se da influência do Demiurgo e reencontrar sua verdadeira essência na luz eterna.

Através das revelações de Jesus sobre a ilusão do mundo material, o Evangelho de Judas desafia o leitor a questionar a realidade que o cerca e a refletir sobre o propósito de sua existência. A vida no mundo material, com todos os seus apegos e ambições, é uma existência limitada, onde a verdadeira felicidade e paz são sempre efêmeras. Apenas o despertar para a realidade espiritual oferece uma saída desse ciclo de insatisfação e busca incessante. Com o conhecimento das revelações que Jesus compartilha, o buscador gnóstico é convidado a romper com o domínio do Demiurgo, a superar as ilusões e a seguir o caminho de retorno ao Deus Supremo, onde a alma, finalmente livre, pode descansar na unidade e na paz do verdadeiro lar.

Capítulo 7
Natureza da Alma

No âmago do pensamento gnóstico, a alma humana emerge como uma centelha divina, uma fração pura do Deus Supremo aprisionada nas correntes do mundo material. No Evangelho de Judas, Jesus revela a Judas que a essência humana não pertence ao universo físico, mas sim ao reino espiritual, de onde um dia caiu, desviada por forças menores e submetida ao poder do Demiurgo e de seus Arcontes. A verdadeira alma, conforme apresentada a Judas, é uma entidade eterna e incorruptível, cuja missão é transcender as limitações impostas pela matéria e reencontrar o caminho de volta à sua fonte originária: o Deus Supremo.

Para o gnosticismo, a natureza da alma é dual e complexa. De um lado, ela é divina e incorruptível, proveniente diretamente do Deus Supremo, carregando consigo fragmentos de luz e conhecimento. Do outro, está encoberta e sufocada pela materialidade, confundida por sua união com o corpo físico e pelas sensações, desejos e necessidades que o mundo material impõe. Essa união entre a alma e o corpo é uma condição temporária e opressiva, que cria a ilusão de que a identidade do ser humano é uma mistura inseparável de carne e espírito. Entretanto, para o gnóstico, essa percepção é um engano — o verdadeiro eu reside na alma, enquanto o corpo é apenas uma vestimenta que a aprisiona no plano físico.

Jesus explica a Judas que a jornada espiritual da alma envolve um processo de recordação e despertar. Quando nascem no mundo material, as almas são envolvidas pela escuridão da ignorância, esquecendo-se de sua origem e de seu propósito divino. O Demiurgo e seus Arcontes, agentes do engano, reforçam essa condição, estabelecendo leis, costumes e crenças que mantêm as almas cativas, ligadas ao mundo físico e ao ciclo de desejos e sofrimentos. Essa prisão é sustentada pela ilusão de que a realidade material é tudo o que existe, e a maioria das pessoas vive e morre sem jamais perceber que sua essência é muito maior do que a experiência física.

Para os gnósticos, o despertar da alma é uma transformação interior que ocorre quando o indivíduo começa a perceber a natureza ilusória do mundo material e a reconhecer a centelha divina que traz dentro de si. Esse despertar é impulsionado pelo conhecimento — a gnose — que revela a verdade sobre o cosmos, sobre o Demiurgo e sobre o Deus Supremo. No Evangelho de Judas, Jesus concede a Judas essa compreensão, mostrando-lhe que a alma possui uma origem sagrada e que seu destino é retornar ao reino espiritual, onde a unidade com o Deus Supremo pode ser plenamente restabelecida. Essa jornada de retorno é o grande propósito da alma, e compreender essa verdade é o primeiro passo para libertar-se das amarras do Demiurgo.

A relação entre a alma e o corpo é uma fonte de sofrimento e conflito na visão gnóstica. Jesus descreve a Judas como a materialidade impõe um peso à alma, envolvendo-a em preocupações e necessidades que a desviam de seu propósito. A fome, a dor, a vaidade, o desejo de poder e o medo da morte são elementos do corpo físico que distraem a alma e a fazem esquecer-se de sua origem divina. Esse conflito entre corpo e alma é percebido pelos gnósticos como uma guerra espiritual, na qual a alma luta para manter-se pura e lembrar-se de sua verdadeira essência, enquanto o corpo, influenciado pelo Demiurgo e seus Arcontes, tenta mantê-la ligada ao mundo material.

Esse conflito, porém, é necessário para o crescimento espiritual. A alma, ao perceber a natureza enganosa dos prazeres materiais e dos desejos egoístas, começa a desenvolver uma aversão à materialidade e a buscar a verdade espiritual. Esse processo de desapego e busca é descrito por Jesus a Judas como uma purificação, uma preparação para a alma relembrar seu propósito e fortalecer-se para a jornada de retorno ao Deus Supremo. O conhecimento, ou gnose, é o combustível dessa jornada, pois permite que a alma rompa com as ilusões impostas pelo Demiurgo e reconheça sua verdadeira natureza como parte da luz divina.

Jesus enfatiza que a natureza da alma é livre e imortal, mas que sua liberdade só pode ser plenamente experimentada quando ela se desvincula do corpo e do mundo físico. Na condição humana, essa liberdade é limitada pela materialidade e pelo desconhecimento de sua própria essência. Assim, a missão do gnóstico é transcender as limitações impostas pela carne, superando os instintos e impulsos que o corpo gera e que o prendem ao ciclo de reencarnação. A reencarnação, para os gnósticos, não é uma oportunidade de crescimento, mas uma armadilha cíclica imposta pelo Demiurgo, que mantém as almas presas ao plano material e incapazes de alcançar sua verdadeira libertação.

A busca pela libertação da alma exige que o indivíduo aprenda a distinguir entre o eu verdadeiro e o eu ilusório. Jesus ensina a Judas que a identidade que as pessoas geralmente adotam — ligada ao nome, à posição social, aos desejos e aos traumas — é apenas uma fachada criada pela união entre a alma e o corpo. O verdadeiro eu não se define por essas características passageiras, mas pela centelha divina que permanece oculta no interior de cada ser. Esse eu interior, imortal e puro, é o que deve ser reconhecido e fortalecido. Para o gnóstico, essa distinção entre o eu material e o eu espiritual é essencial para a libertação, pois permite que a alma comece a separar-se das ilusões que a prendem à matéria.

No Evangelho de Judas, a alma é apresentada como um ser de luz, que possui o poder de retornar ao Deus Supremo uma vez que consiga libertar-se das influências do Demiurgo e dos Arcontes. Jesus mostra a Judas que essa libertação é um processo que exige determinação, coragem e sabedoria. A alma deve superar os medos e desejos que o corpo e o mundo material impõem, e para isso ela deve cultivar o conhecimento e a autoconsciência. Aquele que consegue superar a influência dos Arcontes e compreender a natureza ilusória do mundo físico não mais teme a morte, pois sabe que ela é apenas uma transição para a verdadeira vida, que ocorre no plano espiritual, ao lado do Deus Supremo.

 O entendimento da natureza da alma, segundo a visão gnóstica, também redefine a compreensão da morte e do sofrimento. Para os gnósticos, a morte do corpo é uma libertação, uma oportunidade para a alma se livrar da prisão material. No entanto, essa libertação não é garantida; a alma precisa estar consciente de sua natureza divina e não estar presa aos apegos materiais. As almas que permanecem iludidas pelo Demiurgo continuam apegadas à existência terrena e acabam reincarnando, perpetuando o ciclo de sofrimento. Apenas aqueles que atingem a gnose conseguem escapar desse ciclo, ascendendo ao reino espiritual onde o Deus Supremo reside.

 Esse conceito gnóstico da alma confronta diretamente as crenças ortodoxas de sua época, que valorizam a obediência e a submissão como caminhos para a salvação. Para os gnósticos, a salvação não é obtida pela fé cega ou pela adoração de um deus distante, mas através da compreensão profunda da própria essência e do cosmos. Jesus ensina a Judas que o Deus Supremo não exige rituais ou sacrifícios, pois ele já reside dentro da alma de cada indivíduo. O que ele deseja é que cada alma desperte para sua verdadeira natureza e retorne a ele, e isso só é possível através do conhecimento. A salvação gnóstica é, portanto, uma jornada de autodescoberta e de transcendência, onde o indivíduo deve aprender a reconhecer e honrar sua própria divindade.

 No processo de despertar, a alma enfrenta desafios que testam sua determinação e seu entendimento. Jesus revela a Judas que esses desafios não são punições, mas oportunidades de fortalecimento. Cada provação enfrentada no mundo material ajuda a alma a perceber a natureza ilusória de seus desejos e a reconhecer que sua verdadeira felicidade não depende de circunstâncias externas. Ao longo da vida, o gnóstico aprende a desapegar-se das posses, do reconhecimento e das paixões, e começa a valorizar o silêncio interior, a meditação e o conhecimento como meios para fortalecer a conexão com o Deus Supremo. Esse processo de autodomínio é a preparação para a alma romper definitivamente com o ciclo imposto pelo Demiurgo.

A visão gnóstica da alma desafia o buscador a transcender sua própria humanidade limitada. A alma, sendo uma partícula do Deus Supremo, possui um poder e uma sabedoria inatos que estão adormecidos enquanto ela se identifica com o corpo e com o mundo material. Quando o indivíduo desperta para sua verdadeira natureza, ele percebe que está conectado a uma realidade muito mais ampla e profunda, onde a dualidade e o sofrimento não existem. Esse estado de unidade com o Deus Supremo é o objetivo final da alma, e apenas a gnose pode conduzi-la até ele.

Em última análise, a natureza da alma é o maior mistério revelado a Judas no Evangelho de Judas. Jesus, ao compartilhar essa verdade, convida Judas a libertar-se das ilusões, a ver-se como realmente é e a compreender que sua existência não é determinada pelo corpo ou pelo mundo físico. A alma, ao reconhecer sua verdadeira origem, inicia uma jornada de retorno ao Deus Supremo, uma jornada que transcende a matéria e culmina na comunhão com o divino. Essa é a promessa final do gnosticismo: a libertação da alma e a reintegração na fonte da luz, onde ela encontra sua paz e sua eternidade.

Essa compreensão da alma não apenas redefine a condição humana, mas ilumina o propósito da própria vida. Para o gnóstico, viver é uma oportunidade de crescimento e de retorno, uma chance de superar as limitações do mundo físico e de alcançar a verdade que permanece oculta. Assim, o Evangelho de Judas nos apresenta uma visão sublime e transcendente da alma, uma visão que nos convida a olhar para além das aparências e a buscar a essência divina que habita dentro de nós, esperando pacientemente para ser redescoberta e reintegrada ao Deus Supremo.

Capítulo 8
Emanações Divinas

Na cosmologia gnóstica, as emanações divinas — conhecidas como Eons — são manifestações diretas do Deus Supremo. Elas representam aspectos de sua perfeição e constituem os pilares que sustentam o pleroma, o reino espiritual onde habita a verdadeira luz. No Evangelho de Judas, Jesus compartilha com Judas esse conhecimento profundo e revelador, explicando que o cosmos é mais do que um simples universo material e que as emanações divinas compõem um sistema espiritual complexo que se estende muito além do entendimento humano comum. Essas emanações não são deuses no sentido tradicional, mas expressões da divindade, princípios fundamentais que revelam a harmonia, a sabedoria e a essência do Deus Supremo. Cada Eon reflete um aspecto dessa divindade transcendente, funcionando como uma ponte entre o mundo físico e o reino celestial.

Para os gnósticos, os Eons são uma série de forças espirituais que procedem diretamente do Deus Supremo. Essas forças representam ideias puras, conceitos eternos como amor, verdade, sabedoria e justiça, em sua forma mais elevada e inalterável. Em contraste com o Demiurgo, que opera no nível inferior do cosmos, os Eons existem em uma esfera de perfeição e harmonia, intocada pela corrupção e pelas limitações da matéria. A distância entre os Eons e o mundo material é vastíssima, e cada Eon ocupa uma posição única no pleroma, irradiando a luz e o conhecimento que guiam as almas na direção do Deus Supremo.

O Evangelho de Judas faz referência a Sophia, a Sabedoria Divina, como um dos Eons mais elevados e fundamentais. Sophia desempenha um papel crítico na cosmologia gnóstica, pois é através dela que ocorre o distanciamento do plano divino e a criação do Demiurgo. Segundo a narrativa gnóstica, Sophia, movida por uma profunda curiosidade e desejo de compreender o Deus Supremo, decide agir de forma independente e acaba gerando o Demiurgo. Este ato de separação, embora involuntário, resulta na criação do mundo material, uma realidade inferior que distorce e obscurece a verdadeira luz do pleroma. Sophia, portanto, é uma figura paradoxal: ao mesmo tempo que representa a sabedoria, também encarna a perda dessa sabedoria, levando ao surgimento de um cosmos marcado pela dualidade e pelo sofrimento.

Jesus explica a Judas que o erro de Sophia não deve ser visto como um pecado ou uma transgressão, mas como um momento de aprendizado cósmico. A criação do Demiurgo e do mundo material é uma consequência de sua ação, e esse desvio inicial dá origem a uma nova realidade, onde o bem e o mal se entrelaçam. Esse é o ponto onde o pleroma e o cosmos material começam a se separar, e o universo físico passa a existir sob o domínio do Demiurgo e dos Arcontes. Sophia, percebendo seu erro, sente remorso e busca reparar sua criação, mas sua tentativa de retificação ocorre dentro dos limites do plano espiritual, onde ela atua como uma guia silenciosa para as almas que desejam retornar ao Deus Supremo.

A presença de Sophia no pleroma, mesmo após a criação do Demiurgo, é uma lembrança constante do vínculo entre a luz e a escuridão, da proximidade entre o divino e o mundo material. A cosmologia gnóstica, com sua compreensão dos Eons, mostra que o universo não é simplesmente dividido entre bem e mal, mas é uma estrutura onde forças opostas coexistem e se influenciam. Os Eons, incluindo Sophia, mantêm uma conexão invisível com as almas que buscam a verdade, inspirando-as a romper com as ilusões do Demiurgo e a aspirar ao retorno ao pleroma. É por meio das emanações divinas que o Deus Supremo comunica sua presença àqueles que estão prontos para ouvi-lo.

Além de Sophia, existem outros Eons que representam aspectos diferentes do Deus Supremo, formando uma espécie de hierarquia espiritual que vai da unidade absoluta até as manifestações que tocam a criação material. Essas emanações são forças vivas, que, embora invisíveis aos olhos físicos, influenciam o universo espiritual e servem como guias para as almas em sua jornada de retorno. Jesus explica a Judas que cada Eon possui uma função específica no equilíbrio do cosmos, ajudando a restaurar a harmonia que foi perdida com a criação do mundo material. Eles formam um sistema de suporte para as almas que despertam e buscam sua verdadeira natureza, atuando como guardiões e protetores da luz divina.

O papel dos Eons na cosmologia gnóstica também revela um aspecto de interdependência e cooperação entre as forças do pleroma. Diferente do Demiurgo, que governa com tirania e controle, os Eons operam em uma sinergia pacífica e harmoniosa, onde cada um contribui com sua própria luz para o todo. Esta cooperação simboliza o verdadeiro modelo de existência que o Deus Supremo pretende para o universo, um modelo que, entretanto, é distorcido no mundo material, onde a dominação e o conflito imperam sob a influência do Demiurgo. Jesus deixa claro para Judas que a missão das almas é escapar desse domínio opressor e reencontrar a harmonia dos Eons, restaurando sua própria luz e essência.

As emanações divinas, como explicadas por Jesus, servem de inspiração e de orientação para aqueles que despertam para a verdade espiritual. Elas representam a paz e a unidade que o buscador gnóstico almeja, um estado de ser que transcende todas as divisões e limitações impostas pelo corpo e pelo mundo material. Cada Eon, com sua pureza e perfeição, é uma lembrança da verdadeira natureza do ser, uma natureza que foi encoberta pelo ciclo de desejos e sofrimentos, mas que pode ser restaurada através do conhecimento. Jesus revela a Judas que, ao se aproximar dos Eons, a alma encontra não apenas a sabedoria, mas a força para resistir às tentações e armadilhas do Demiurgo.

Para alcançar o pleroma, a alma precisa compreender e assimilar os ensinamentos dos Eons, que formam uma escada espiritual em direção ao Deus Supremo. Esse caminho de ascensão exige que o buscador se desapegue de todas as ilusões e desejos que o mundo material oferece. A luz dos Eons brilha como um guia no caminho, iluminando o trajeto de volta ao estado de pureza original. Jesus explica a Judas que essa luz é inacessível para aqueles que permanecem presos aos prazeres e ambições terrenas, mas é revelada àqueles que, através do conhecimento e do autocontrole, conseguem superar os limites da matéria.

Sophia, em particular, desempenha um papel único nessa jornada, pois seu arrependimento a torna uma figura de compaixão e orientação para as almas que se encontram perdidas no mundo material. Ela é a personificação da sabedoria que busca redimir-se e, ao mesmo tempo, redimir os outros. Embora sua criação, o Demiurgo, tenha se tornado um tirano do mundo material, Sophia ainda atua em segredo, transmitindo inspiração e intuição aos que despertam para sua verdadeira natureza. Jesus revela a Judas que, mesmo em meio à escuridão do cosmos material, a presença de Sophia pode ser sentida por aqueles que cultivam o silêncio interior e a percepção espiritual.

A cosmologia dos Eons não é apenas uma teoria sobre a origem do universo; é também um mapa para a jornada espiritual de cada alma. Jesus explica que, ao entender o papel dos Eons e ao se conectar com a luz que eles representam, a alma pode gradualmente reverter seu estado de queda e retornar ao pleroma. Esse retorno, no entanto, não é uma conquista que se dá de forma automática; ele exige uma transformação interna profunda, uma disposição para renunciar ao ego e às identidades impostas pelo mundo material. É uma jornada de autoconhecimento e de purificação, onde a alma se torna cada vez mais alinhada com a sabedoria dos Eons e, eventualmente, com o próprio Deus Supremo.

Os Eons também representam o equilíbrio entre o conhecimento e a experiência. Para os gnósticos, o conhecimento verdadeiro não é apenas intelectual, mas algo que deve ser vivido e sentido. Jesus explica que a sabedoria dos Eons se revela a cada alma em seu próprio tempo, conforme ela esteja preparada para receber e integrar essa verdade. Judas, ao receber esses ensinamentos, entende que seu papel como confidente de Jesus é ajudar a trazer essa luz ao mundo, guiando aqueles que estão prontos a ver além do véu da ilusão e a perceber a realidade espiritual que os Eons sustentam.

No fim, os Eons formam uma corrente de luz inquebrantável que conecta o mundo espiritual ao material, oferecendo uma rota de fuga para as almas que desejam libertar-se das garras do Demiurgo. Jesus ensina a Judas que o poder dos Eons é inabalável, pois eles representam o verdadeiro modelo de criação, em contraste com a distorção da matéria. Eles são a prova de que a verdadeira harmonia e paz são possíveis, e que o sofrimento e a dualidade do mundo físico são apenas sombras de uma realidade muito mais elevada. Ao aproximar-se dos Eons, a alma encontra a orientação que precisa para retornar ao pleroma e, finalmente, ao Deus Supremo.

Compreender as emanações divinas é, portanto, essencial para o despertar gnóstico. Cada Eon é um mestre invisível que ensina a alma a lembrar-se de sua origem, a perceber sua conexão com o todo e a aspirar à unidade com o divino. O Evangelho de Judas,

Capítulo 9
O Portador do Conhecimento

Dentro do Evangelho de Judas, emerge uma imagem singular e surpreendente de Judas Iscariotes. Ao contrário da tradição cristã que o coloca como o arquétipo do traidor, Judas aparece nesse evangelho gnóstico como um confidente de Jesus, um receptor escolhido para o conhecimento secreto e, por extensão, um dos poucos que verdadeiramente compreendeu a missão espiritual do mestre. Jesus confia a ele verdades profundas e reservadas, não porque Judas seja moralmente superior, mas porque, segundo o evangelho, sua alma estava pronta para compreender o propósito oculto da vinda de Jesus ao mundo. Judas, como portador do conhecimento, assume um papel inédito e controverso que desafia e subverte os dogmas convencionais.

Judas é retratado, portanto, como o discípulo capaz de ir além da aparência e das expectativas terrenas, tornando-se aquele que compreende a necessidade do sacrifício de Jesus. Ele não vê esse ato como um simples evento trágico ou como um cumprimento de profecias religiosas, mas como uma passagem que permitirá que a alma de Jesus se liberte das amarras do corpo material e, assim, se reintegre ao Deus Supremo. No Evangelho de Judas, a "traição" de Judas é, na verdade, uma participação consciente no plano divino, algo que o diferencia dos outros discípulos, que permanecem presos a uma visão limitada e superficial da realidade espiritual.

O papel de Judas como portador do conhecimento confere-lhe uma missão que vai muito além da entrega de Jesus às autoridades. Ao receber o entendimento sobre a verdadeira natureza do cosmos, do Demiurgo e do Deus Supremo, Judas se torna um elo entre o reino espiritual e o mundo material, um intermediário que compreende as razões por trás dos eventos que se desenrolam. Jesus revela a Judas que sua ação, embora condenada pelos homens, é uma expressão de obediência a um propósito maior. Na visão gnóstica, o conhecimento verdadeiro muitas vezes exige a aceitação de papéis paradoxais, e Judas, ao sacrificar sua reputação e seu nome, exemplifica o desapego necessário para se alinhar com a vontade divina.

A escolha de Judas como depositário das revelações de Jesus simboliza a ruptura com o entendimento tradicional de salvação e fé. Jesus, ao confiar a ele o conhecimento secreto, está comunicando que a verdadeira iluminação não se encontra nas leis ou nos rituais, mas na compreensão profunda da natureza divina e do cosmos. Judas, ao absorver esses ensinamentos, percebe que o caminho para a salvação é solitário e que envolve a coragem de questionar as convenções e desafiar as interpretações estabelecidas. Esse tipo de entendimento é reservado apenas para aqueles que estão dispostos a ver além do óbvio e a confrontar as ilusões impostas pelo Demiurgo.

A complexidade do papel de Judas como portador do conhecimento é refletida em sua relação com os outros discípulos. No Evangelho de Judas, ele é frequentemente descrito como estando à parte, isolado em seu entendimento superior. Jesus confia-lhe informações que não revela aos outros apóstolos, pois eles ainda estão presos à visão terrena da missão de Jesus. Para os outros discípulos, Jesus é o Messias prometido, o salvador que restaurará o Reino de Deus na Terra. No entanto, para Judas, Jesus é um emissário do Deus Supremo, alguém que veio despertar as almas aprisionadas pelo Demiurgo e libertá-las através do conhecimento. Essa compreensão o separa dos demais e o coloca em uma posição de responsabilidade e isolamento espiritual.

A decisão de Judas de entregar Jesus às autoridades é, assim, um ato consciente e deliberado, realizado em sintonia com o plano cósmico revelado a ele. Para os gnósticos, o sacrifício de Jesus não é uma tragédia, mas uma libertação da alma que se encontra aprisionada na carne. Judas, ao aceitar o papel de "traidor", está cumprindo uma função divina que transcende o bem e o mal humanos. Ele não age por cobiça ou ambição, mas por uma compreensão profunda da necessidade do sacrifício. Nesse sentido, sua traição se transforma em um ato de amor e fidelidade ao mestre, uma contribuição para a realização de uma verdade que os outros discípulos são incapazes de compreender.

Ao aprofundar-se no conhecimento gnóstico que Jesus lhe confia, Judas desenvolve uma perspectiva espiritual que transcende as limitações do mundo físico. Ele compreende que o objetivo final da alma é retornar ao Deus Supremo e que a existência terrena é apenas uma etapa transitória. Para o gnóstico, o mundo material é uma prisão e o corpo é uma barreira que impede a alma de alcançar a plenitude espiritual. Judas, ao entender isso, vê a crucificação de Jesus como um meio de liberar sua alma dessa prisão, permitindo que ele retorne ao pleroma e se una ao Deus Supremo. A missão de Jesus, portanto, não é estabelecer um reino terreno, mas mostrar às almas o caminho de volta à sua verdadeira origem.

O conhecimento conferido a Judas é, em essência, um segredo que subverte a ordem estabelecida pelo Demiurgo e desafia a percepção convencional da redenção. No Evangelho de Judas, esse conhecimento não é apenas uma informação, mas uma revelação transformadora que muda completamente a maneira como Judas vê o mundo. Ele percebe que a salvação não vem da conformidade com a lei, mas da ruptura com as ilusões do mundo material. Essa visão radical coloca Judas em oposição não só às autoridades religiosas, mas também aos outros discípulos, que permanecem presos a uma interpretação literal e simplista da missão de Jesus.

A solidão de Judas como portador do conhecimento também reflete a condição do gnóstico em uma sociedade dominada pelo Demiurgo. Para o gnóstico, o caminho da iluminação é solitário, pois exige que o indivíduo desafie as crenças e estruturas que a maioria considera inquestionáveis. Judas, ao aceitar o papel que Jesus lhe confia, está aceitando a incompreensão e o julgamento dos outros. Ele sabe que será lembrado como traidor, mas entende que sua verdadeira recompensa está no reconhecimento da verdade espiritual, que transcende a aprovação humana. Essa aceitação de seu destino demonstra o desapego de Judas e sua fidelidade à missão divina.

O Evangelho de Judas, ao apresentar Judas como portador do conhecimento, desafia a narrativa tradicional de sua traição e sugere que, para alcançar a verdadeira salvação, é necessário transcender as noções convencionais de moralidade e lealdade. Judas não está preocupado com o julgamento dos homens, pois sua lealdade é ao Deus Supremo e ao plano cósmico revelado por Jesus. Esse nível de desprendimento e compromisso com a verdade divina é o que o distingue como um verdadeiro gnóstico, alguém que compreende a necessidade de sacrificar até mesmo sua própria reputação para alcançar a libertação espiritual.

Além de servir como portador do conhecimento, Judas também representa o arquétipo do buscador gnóstico, aquele que está disposto a arriscar tudo em nome da verdade. Sua jornada é um exemplo para todos os que desejam alcançar a iluminação, pois ele mostra que o caminho do conhecimento é cheio de obstáculos e que, muitas vezes, requer a renúncia de tudo o que é terreno. Jesus ensina a Judas que o conhecimento é uma espada de dois gumes: ele pode libertar, mas também isola, pois a verdade que ele revela é incompreensível para aqueles que ainda estão presos às ilusões do mundo.

O papel de Judas como receptor das revelações de Jesus sublinha a importância do discernimento espiritual no gnosticismo. Não é qualquer um que pode suportar a carga do conhecimento, e o próprio Jesus sabe que os outros discípulos não estão prontos para compreender a verdade em toda a sua profundidade. Judas, entretanto, é escolhido por sua capacidade de enxergar além das aparências, de perceber que o sacrifício e a morte são caminhos para a libertação. Essa confiança depositada nele pelo mestre coloca Judas em uma posição de destaque, não como um traidor, mas como um colaborador essencial na missão espiritual de Jesus.

A tragédia e a glória do papel de Judas residem na sua aceitação de um destino que o condenará aos olhos do mundo, mas que, aos olhos do Deus Supremo, é um ato de devoção e entendimento. Ao tornar-se o portador do conhecimento, Judas encarna o ideal gnóstico de alguém que busca a verdade acima de tudo, disposto a enfrentar a incompreensão e a condenação para alcançar a verdadeira liberdade. Ele compreende que seu sacrifício é, na verdade, um serviço ao propósito divino, e que sua traição aparente é uma entrega total ao conhecimento que liberta.

Dessa forma, o Evangelho de Judas redefine a figura de Judas Iscariotes como um exemplo de iluminação e coragem espiritual. Ele não é apenas o discípulo que entende a necessidade do sacrifício de Jesus; ele é o gnóstico arquetípico, aquele que vê além das ilusões, que aceita o isolamento e o julgamento como parte de sua missão. Sua história é um chamado para que todos busquem o conhecimento verdadeiro, mesmo que isso signifique enfrentar a incompreensão do mundo. O papel de Judas como portador do conhecimento é, assim, uma mensagem de que a iluminação exige não apenas o entendimento, mas a coragem de seguir o caminho solitário da verdade espiritual, em direção ao Deus Supremo.

Capítulo 10
O Propósito do Sacrifício de Jesus

Na tradição gnóstica revelada pelo Evangelho de Judas, o sacrifício de Jesus adquire uma profundidade e complexidade que transcendem a simples narrativa de redenção e perdão de pecados. Para os gnósticos, a crucificação de Jesus não representa uma submissão ao julgamento humano, mas um ato cósmico necessário para a libertação da alma e a transcendência do mundo material, controlado pelo Demiurgo. Jesus revela a Judas que sua morte física é, na realidade, o rompimento das correntes que o prendem à materialidade e que o seu sacrifício abre um caminho espiritual que permite que as almas se libertem do controle imposto pelo mundo físico e pelo Demiurgo. Este sacrifício, então, se transforma em uma passagem, um ritual de transformação que é, ao mesmo tempo, uma libertação pessoal e um chamado para que aqueles que despertarem possam segui-lo.

No Evangelho de Judas, o sacrifício de Jesus não é um evento de redenção no sentido convencional, onde os pecados dos homens são expiados através do sofrimento do Salvador. Ao contrário, ele representa a possibilidade de transcender a prisão da carne e de alcançar o reino divino. Jesus explica a Judas que a crucificação deve ocorrer para que sua alma, que é uma centelha do Deus Supremo, possa se desprender do corpo material e retornar ao pleroma, o reino espiritual de onde toda a luz se origina. Esse retorno não é uma exclusividade de Jesus, mas sim um caminho revelado a todos os que buscam o conhecimento verdadeiro, ou gnose, e que desejam se libertar da influência do Demiurgo e dos Arcontes.

Para os gnósticos, o sacrifício de Jesus simboliza a vitória da luz sobre as trevas, do espírito sobre a matéria. O mundo material é visto como uma criação imperfeita e distorcida, onde as almas são aprisionadas e mantidas em um ciclo de ignorância e sofrimento. A missão de Jesus, ao se sacrificar, não é redimir o mundo, mas iluminar o caminho para que as almas possam escapar desse ciclo e retornar ao seu verdadeiro lar. Judas, ao ser instruído sobre essa verdade, compreende que o sacrifício de Jesus é um ato de liberação cósmica, uma ruptura com o domínio do Demiurgo. Ele percebe que Jesus não é apenas uma figura de redenção, mas um guia que abre as portas da libertação espiritual, ensinando a transcendência da matéria e o retorno ao Deus Supremo.

A visão gnóstica subverte a ideia de que o sofrimento e a morte de Jesus são impostos por uma divindade que exige sacrifícios de sangue. Jesus revela que o Deus Supremo, diferentemente do Demiurgo, não exige adoração ou rituais. Ele é puro amor e luz, e seu desejo é que as almas despertem para sua verdadeira natureza e encontrem o caminho de volta a ele. O sacrifício de Jesus, portanto, não é uma imposição de um deus vingativo, mas uma escolha consciente feita para romper as correntes da ilusão material e abrir uma passagem para o reino espiritual. Ele é um ato de amor e de autossacrifício, um convite para que outros compreendam a ilusão do mundo físico e se desapeguem das limitações impostas pelo corpo.

A relação entre o sacrifício de Jesus e o conhecimento também é essencial para o entendimento gnóstico. Jesus ensina que apenas aqueles que alcançam a gnose podem realmente escapar do domínio do Demiurgo. A gnose é uma iluminação que permite à alma discernir entre o real e o ilusório, entre o eterno e o temporário. Jesus, ao se sacrificar, demonstra que a verdadeira salvação não reside em evitar o sofrimento ou em perpetuar a vida no mundo material, mas em transcender essas experiências através do conhecimento. Ele ensina a Judas que a morte física é apenas uma etapa da jornada, e que o verdadeiro sacrifício é o da ignorância, que impede a alma de reconhecer sua conexão com o divino. A morte de Jesus simboliza o rompimento definitivo com a ignorância e a abertura de um novo caminho de entendimento.

No Evangelho de Judas, a decisão de Jesus de aceitar a crucificação representa um profundo ato de liberdade espiritual. Ele não é uma vítima das forças deste mundo, mas alguém que escolhe conscientemente se entregar para revelar uma verdade maior. Ele entende que sua morte permitirá que o véu da materialidade seja levantado, mostrando às almas aprisionadas que existe uma realidade além do que os sentidos físicos podem perceber. Esse sacrifício é, portanto, um ensinamento prático: ao aceitar a morte do corpo, Jesus demonstra que o espírito é indestrutível e que a vida verdadeira se encontra no pleroma, o reino eterno do Deus Supremo.

Judas, ao compreender o propósito do sacrifício de Jesus, percebe que sua própria participação nesse evento tem uma importância transcendental. Ao "trair" Jesus, ele não age por ganância ou malícia, mas segue as instruções do mestre, entendendo que sua ação será o gatilho necessário para a libertação de Jesus. Esse entendimento transforma Judas de traidor em colaborador, alguém que ajuda a realizar o plano divino. Ele entende que o julgamento humano sobre ele é irrelevante, pois sua lealdade está com o Deus Supremo e com a verdade que transcende a moralidade terrena. Essa compreensão do papel de Judas enfatiza a coragem espiritual exigida para cumprir o propósito superior e a indiferença em relação às opiniões do mundo.

O sacrifício de Jesus é, portanto, uma mensagem que ensina que a libertação espiritual exige a renúncia dos apegos ao corpo e ao mundo físico. Ele revela a Judas que a matéria é apenas uma ilusão temporária, uma criação do Demiurgo para manter as almas presas em um ciclo de desejos e sofrimentos. A morte física, longe de ser um fim, é a chave para a transcendência. A alma que alcança o conhecimento do verdadeiro propósito do sacrifício de Jesus entende que a morte do corpo é uma libertação, uma oportunidade de retornar à fonte divina. Assim, o sacrifício de Jesus não é apenas um ato de redenção para a humanidade, mas uma demonstração do caminho que cada alma deve seguir para libertar-se do controle do Demiurgo.

Essa perspectiva gnóstica desafia a visão tradicional de redenção e salvação. Para os gnósticos, a salvação não é um evento externo, mas um processo interno de iluminação e compreensão. O sacrifício de Jesus é uma chave que desbloqueia o entendimento necessário para que a alma se veja como realmente é: uma partícula divina aprisionada pela ilusão. Jesus, ao se entregar, não pretende salvar o corpo, mas libertar o espírito, mostrando que a vida no mundo material é passageira e que o verdadeiro destino da alma é o retorno ao Deus Supremo. O caminho para essa libertação é o conhecimento, e Judas, ao ser escolhido como portador dessa verdade, compreende que a missão de Jesus é universal, um chamado para que todos despertem para a realidade do pleroma.

O Evangelho de Judas apresenta o sacrifício de Jesus como um ato de profundo simbolismo, onde a morte é uma porta para o conhecimento e a libertação. O sofrimento físico de Jesus é um reflexo do sofrimento da alma aprisionada na carne, mas também uma afirmação de que o espírito é capaz de transcender essas limitações. Ao aceitar seu destino, Jesus transforma a cruz, um instrumento de tortura e morte, em um símbolo de vitória espiritual, demonstrando que o espírito não pode ser destruído pelas forças do Demiurgo. Esse ensinamento é essencial para os gnósticos, pois mostra que o medo da morte e o apego à vida material são obstáculos que a alma deve superar para alcançar a verdadeira liberdade.

O sacrifício de Jesus também é um convite à introspecção, um chamado para que cada indivíduo examine seus próprios apegos e medos em relação ao mundo material. Jesus ensina a Judas que o verdadeiro desafio para a alma não é o sofrimento, mas a ignorância. A alma que não compreende a natureza ilusória do mundo material continua presa ao ciclo de reencarnação e sofrimento, perpetuando o domínio do Demiurgo. O sacrifício de Jesus é, portanto, uma chamada para a autolibertação através do conhecimento, uma lembrança de que a vida verdadeira é encontrada além da materialidade, no reino eterno do Deus Supremo.

Ao compreender o propósito do sacrifício, Judas se torna uma figura de transcendência, alguém que, ao aceitar seu papel no plano divino, também aceita a possibilidade de ser visto como um vilão pelos olhos do mundo. Ele representa o buscador que está disposto a enfrentar o julgamento terreno para cumprir a missão espiritual. Esse é o verdadeiro significado do sacrifício no gnosticismo: a renúncia ao ego e às opiniões alheias para alcançar a verdade divina. Judas, ao agir em harmonia com o ensinamento de Jesus, transcende o papel de traidor e assume a posição de colaborador espiritual, alguém que compreende o verdadeiro objetivo da vida.

Em última análise, o sacrifício de Jesus ensina que a alma deve estar disposta a abandonar todas as ilusões para alcançar a união com o divino. A morte física é um evento que ocorre no plano do Demiurgo, mas a alma que possui o conhecimento pode ver além dela e perceber a continuidade da vida espiritual. Jesus, ao se sacrificar, revela que a morte é apenas uma transição, um portal que permite à alma retornar ao Deus Supremo. Esse entendimento redefine a relação do buscador gnóstico com o mundo material, incentivando-o a ver a vida como uma oportunidade para preparar-se para essa jornada final de retorno.

Assim, o Evangelho de Judas transforma a imagem de Jesus na cruz em um símbolo de triunfo espiritual e libertação. Seu sacrifício é o ápice do conhecimento, uma ação que desafia o Demiurgo e suas ilusões, abrindo uma rota para que as almas possam escapar do ciclo de reencarnação e sofrimento. Judas, como confidente e colaborador nesse ato sagrado, se torna parte integral dessa revelação, ajudando a cumprir um plano que transcende o entendimento humano e revelando o caminho para a união com o Deus Supremo.

Capítulo 11
O Caminho da Iluminação

Para o gnosticismo, a iluminação é o núcleo da experiência espiritual, um estado de consciência em que a alma desperta para sua verdadeira essência e transcende as ilusões do mundo material. No Evangelho de Judas, Jesus compartilha com Judas o conhecimento profundo sobre esse caminho, instruindo-o sobre o processo de despertar interior que liberta a alma das armadilhas do Demiurgo e de seus Arcontes. Esse caminho não é linear nem fácil; ele exige disciplina, autoconhecimento e uma busca persistente pelo divino. A iluminação, ou gnose, representa a compreensão do que é eterno e verdadeiro, superando as limitações impostas pela matéria e pela ignorância.

A jornada de iluminação no contexto gnóstico não é uma simples acumulação de saber, mas uma transformação interior que realinha a alma com o Deus Supremo. Jesus revela a Judas que o conhecimento profundo não pode ser alcançado apenas com esforço intelectual; é necessário um processo de desapego, uma prática de autodomínio e purificação que permite à alma transcender o apego ao corpo e ao mundo físico. No gnosticismo, a iluminação é um chamado para que o buscador rompa com as amarras da matéria e aceite sua própria natureza divina. Jesus, ao compartilhar esses ensinamentos com Judas, explica que a iluminação é a chave para escapar do ciclo de reencarnação e sofrimento imposto pelo Demiurgo.

A primeira etapa do caminho da iluminação envolve o reconhecimento de que o mundo material é uma ilusão. Esse entendimento não é apenas teórico, mas deve ser vivido de maneira intensa e profunda, em cada pensamento e ação. Para o gnóstico, a matéria é uma sombra, uma distorção da verdadeira luz que emana do Deus Supremo. Jesus ensina a Judas que, para avançar no caminho da iluminação, o indivíduo deve aprender a distinguir entre o que é real e o que é ilusório, entre o eterno e o temporário. Esse discernimento é o primeiro passo para libertar a alma, pois permite que o buscador desenvolva um desapego progressivo em relação aos prazeres e posses materiais, reconhecendo que eles são transitórios e que a verdadeira vida reside no reino espiritual.

A prática do desapego é fundamental para alcançar a iluminação. Jesus instrui Judas a abandonar os desejos mundanos, pois estes são as correntes que mantêm a alma cativa no ciclo de nascimento e morte. Para o gnóstico, o desapego não significa uma rejeição do mundo, mas uma compreensão de sua natureza ilusória. Ao renunciar aos apegos, o buscador não nega a realidade material, mas deixa de se identificar com ela. Esse processo de desapego é difícil, pois desafia o ego e as necessidades que o corpo impõe. No entanto, Jesus explica que é apenas através desse esforço que a alma se torna receptiva ao conhecimento divino e capaz de acessar a sabedoria oculta que transcende o entendimento humano.

A iluminação também envolve uma reconciliação com a própria alma e um reconhecimento da divindade interior. Jesus ensina que a alma é uma partícula do Deus Supremo, e que o caminho da iluminação é, em última análise, um retorno à unidade com essa fonte. Esse reconhecimento exige que o buscador abandone o ego, pois o ego é uma construção que reforça a separação entre o indivíduo e o divino. O ego mantém a alma presa no reino do Demiurgo, através da identificação com o corpo, o nome e a posição social. No Evangelho de Judas, Jesus explica a importância de transcender essa identificação ilusória, incentivando Judas a olhar para além das aparências e a reconhecer sua própria natureza divina.

A iluminação, segundo o gnosticismo, é uma experiência de integração com o cosmos, onde o buscador percebe sua conexão com o pleroma e com as emanações divinas. Esse estado de unidade é atingido através da meditação e da introspecção, práticas que permitem que a alma acesse o conhecimento direto de sua própria origem. Jesus instrui Judas a cultivar o silêncio e a reflexão, pois é no silêncio interior que a voz do Deus Supremo pode ser ouvida. Para o gnóstico, a meditação não é apenas uma técnica de relaxamento, mas uma prática sagrada, onde a alma se volta para dentro e descobre a luz que carrega em seu âmago. É através dessa conexão interna que a verdadeira iluminação ocorre.

A jornada da iluminação também exige perseverança e uma disposição para enfrentar os desafios que surgem no caminho espiritual. Jesus alerta Judas de que o caminho do conhecimento é difícil e que muitas almas não estão preparadas para suportar as provações que ele traz. Os Arcontes, agentes do Demiurgo, exercem uma influência constante, tentando desviar as almas de sua busca e mantendo-as presas à ilusão material. Aquele que busca a iluminação deve aprender a resistir a essas influências, reconhecendo-as como obstáculos que fortalecem o espírito e o preparam para a união com o Deus Supremo. Jesus ensina que o verdadeiro buscador não se deixa intimidar pelas dificuldades, pois sabe que cada provação é uma oportunidade de crescimento e purificação.

A iluminação também transforma a maneira como o gnóstico interage com o mundo. Ao perceber a natureza ilusória da matéria, o buscador se torna imune aos encantos e aos temores que a vida terrena apresenta. Ele aprende a observar os eventos e as emoções de maneira desapegada, compreendendo que eles são apenas reflexos temporários que não afetam a essência de sua alma. Jesus ensina a Judas que essa postura de desapego não implica uma indiferença ao sofrimento dos outros, mas uma compreensão de que o verdadeiro auxílio consiste em compartilhar o conhecimento que liberta. Assim, o gnóstico se torna um farol para aqueles que ainda estão presos na escuridão, ajudando-os a encontrar o caminho para a luz.

O caminho da iluminação é uma jornada de autoconhecimento e de autotransformação, onde o buscador aprende a harmonizar-se com o cosmos e com as leis espirituais.

Esse processo de integração com o divino permite que a alma supere o ciclo de nascimento e morte, e alcance um estado de paz e plenitude no pleroma. Jesus revela a Judas que a iluminação é o propósito final da vida e que, ao atingir esse estado, a alma encontra sua verdadeira natureza e se une ao Deus Supremo. A iluminação é, assim, uma experiência de êxtase e de redenção, onde a alma desperta para a eternidade e abandona todas as ilusões que a mantinham cativa.

Para o gnóstico, a iluminação também é uma experiência de cura. Ao compreender sua verdadeira natureza, a alma se liberta das aflições e das ansiedades que o mundo material impõe. O conhecimento traz paz, pois dissolve o medo da morte e o apego ao corpo, mostrando que a vida continua além da materialidade. Essa paz é um reflexo do reino do Deus Supremo, onde não há dor nem separação, apenas a unidade perfeita. Jesus ensina a Judas que, ao alcançar a iluminação, a alma encontra essa paz, um estado de serenidade que é a expressão do verdadeiro conhecimento. Essa cura espiritual é o maior presente que o gnosticismo oferece, uma libertação completa que redime a alma de todas as suas angústias.

O caminho da iluminação é também um processo de alinhamento com a verdade, onde o gnóstico aprende a ver o mundo através dos olhos do espírito. Jesus revela que a iluminação permite que a alma veja além das aparências e compreenda o funcionamento interno do cosmos. Esse conhecimento é mais do que uma compreensão intelectual; é uma experiência direta da divindade. O gnóstico não apenas acredita no Deus Supremo, ele o vivencia em seu ser, reconhecendo a divindade dentro de si mesmo e em tudo o que existe. Esse estado de consciência permite que a alma transcenda o bem e o mal, vendo ambos como aspectos de uma realidade maior.

Ao fim de sua jornada, o gnóstico compreende que a iluminação é um retorno ao lar, uma reconexão com o Deus Supremo e com a própria essência. O Evangelho de Judas revela que esse retorno é o propósito final da existência, a razão pela qual a alma embarca em sua jornada terrena. Jesus ensina a Judas que a iluminação não é um privilégio para poucos, mas uma possibilidade aberta a todos os que buscam sinceramente a verdade. O conhecimento é a chave que abre as portas para o pleroma, onde a alma pode descansar em paz e plenitude, livre das ilusões do mundo material.

A iluminação, portanto, é o clímax do caminho gnóstico, o ponto onde a alma finalmente se une ao Deus Supremo e encontra sua verdadeira natureza. Esse estado de consciência é a libertação definitiva, onde todas as dúvidas e ilusões se dissipam, e a alma encontra seu lugar na ordem cósmica. Jesus, ao compartilhar esse conhecimento com Judas, não apenas revela o caminho da iluminação, mas oferece a cada buscador a possibilidade de redescobrir sua própria divindade e de viver em harmonia com o universo. A iluminação é a promessa final do Evangelho de Judas, uma promessa de que a verdade, a paz e a unidade aguardam todos aqueles que se dedicam à busca pelo conhecimento e pela compreensão profunda da realidade espiritual.

Capítulo 12
Conceitos Básicos do Gnosticismo

O gnosticismo é mais do que uma crença ou doutrina religiosa; é uma busca incessante pela verdade interior, uma jornada de retorno ao divino que reside além das barreiras impostas pelo mundo material. No Evangelho de Judas, Jesus apresenta a Judas os conceitos centrais que definem essa filosofia espiritual, proporcionando-lhe uma compreensão que transcende as limitações da fé cega e das práticas religiosas externas. Os conceitos fundamentais do gnosticismo — dualismo, iluminação e rejeição do mundo material — moldam a perspectiva gnóstica sobre a existência e oferecem uma rota de escape para as almas aprisionadas no domínio do Demiurgo. Esses conceitos não são ensinados como dogmas, mas como chaves para libertação, ferramentas que possibilitam a quebra das ilusões impostas pela realidade física e a reconexão com o Deus Supremo.

Um dos pilares do gnosticismo é o dualismo, a ideia de que o universo é composto de duas forças fundamentais: a luz e a escuridão, o espírito e a matéria, o Deus Supremo e o Demiurgo. Para os gnósticos, essa divisão não é meramente simbólica, mas uma realidade presente em todas as dimensões da existência. A criação material, governada pelo Demiurgo, é imperfeita, limitada e aprisionadora. Em contrapartida, o reino do Deus Supremo, o pleroma, é um domínio de luz pura, onde não existe sofrimento ou corrupção. Jesus ensina a Judas que o propósito da vida humana é transcender essa dualidade, rompendo as correntes da matéria e retornando ao reino da luz, onde a alma encontra paz e harmonia.

O dualismo gnóstico apresenta a matéria como uma força oposta ao espírito. Diferente das religiões tradicionais que veem o mundo como uma criação divina para ser celebrada e respeitada, o gnosticismo considera a matéria uma prisão que mantém a alma afastada de sua verdadeira natureza. Essa visão radical coloca o gnóstico em constante confronto com as normas e valores do mundo físico. No Evangelho de Judas, Jesus explica que o corpo humano, embora necessário para a vida terrena, é uma construção do Demiurgo, destinada a restringir a consciência espiritual. É através do conhecimento, ou gnose, que o indivíduo pode ver além da ilusão material e compreender que sua verdadeira essência não está no corpo, mas na alma divina que carrega dentro de si.

A iluminação é outro conceito central no gnosticismo. Não é um processo de adoração ou submissão a um deus exterior, mas uma experiência de autoconhecimento que revela à alma sua origem divina e seu destino espiritual. Jesus ensina a Judas que a iluminação é a descoberta da verdade interna, uma chama que arde no âmago de cada ser e que, quando alimentada pelo conhecimento, permite que a alma desperte de seu estado de ignorância. A gnose é, portanto, uma revelação transformadora que muda a maneira como o indivíduo vê o universo e a si mesmo. Para o gnóstico, alcançar a iluminação é o único meio de escapar da manipulação do Demiurgo e de alcançar o reino do Deus Supremo.

Esse processo de iluminação, contudo, é desafiador e exige um esforço constante para superar os apegos e ilusões do mundo material. No Evangelho de Judas, Jesus explica que a busca pelo conhecimento verdadeiro é como uma escalada que exige desapego e coragem. O conhecimento não é uma recompensa que se conquista facilmente, mas um caminho de purificação, onde a alma se liberta das ilusões do ego, da vaidade e do desejo. A iluminação, para o gnóstico, é uma chama que precisa ser cultivada diariamente, uma prática de rejeição ao que é falso e ilusório, e de busca pelo que é verdadeiro e eterno.

A rejeição do mundo material é uma marca distintiva do pensamento gnóstico. Jesus ensina a Judas que o mundo físico, com todos os seus prazeres e dores, é uma criação do Demiurgo destinada a desviar as almas de seu propósito. O Demiurgo, ao construir o universo material, cria também um sistema de valores e normas que mantém as almas aprisionadas em uma realidade distorcida. Para os gnósticos, a verdadeira liberdade está em renunciar a esses valores e rejeitar as estruturas que sustentam a ilusão. A riqueza, o poder, a fama e o reconhecimento são vistos como armadilhas que seduzem as almas e as afastam de sua essência divina. Ao contrário da visão ortodoxa que preza a conformidade e a obediência, o gnosticismo valoriza a independência espiritual e a coragem de desafiar as convenções.

Para o gnóstico, a salvação não é concedida por um deus exterior, mas é alcançada através do conhecimento. A crença de que a fé cega pode salvar é rejeitada pelo gnosticismo, que valoriza a experiência direta e pessoal da divindade. No Evangelho de Judas, Jesus enfatiza que a verdadeira salvação é a libertação da alma das ilusões e dos desejos materiais, uma libertação que só pode ser alcançada através do conhecimento. Judas, ao receber essa revelação, compreende que seu papel não é seguir os rituais e as práticas religiosas estabelecidas, mas buscar a verdade que reside além das aparências. Ele entende que a fé sem conhecimento é uma forma de prisão, um meio pelo qual o Demiurgo mantém as almas em um estado de ignorância.

O gnosticismo, ao rejeitar o valor da fé cega, enfatiza a importância da dúvida e do questionamento. Para o gnóstico, a busca pela verdade não pode ser limitada por dogmas ou leis impostas; é uma exploração sem fronteiras, onde o questionamento é visto como um ato de coragem. Jesus ensina a Judas que a verdade não pode ser imposta de fora para dentro; ela deve ser descoberta internamente, como uma chama que cresce no coração do buscador. A fé cega é vista como uma submissão à autoridade do Demiurgo, enquanto a busca pelo conhecimento é um ato de rebeldia que desafia o controle das forças opressoras do universo material.

Outro aspecto central do gnosticismo é a crença de que o verdadeiro Deus, o Deus Supremo, é inacessível e além da compreensão humana comum. Esse Deus não participa da criação do mundo físico e não interfere diretamente na vida humana. Jesus revela a Judas que o Deus Supremo é a fonte de toda a luz e bondade, mas que ele permanece em um plano espiritual muito além da criação material. Diferente do Demiurgo, que governa com arrogância e poder, o Deus Supremo é silencioso e pacífico, um ser que respeita a liberdade da alma e que deseja que cada indivíduo encontre seu próprio caminho de volta a ele. Esse distanciamento do Deus Supremo reforça a importância do autoconhecimento e da autonomia espiritual para o gnóstico, pois o caminho de retorno é um esforço pessoal, uma jornada solitária em busca da união com a luz divina.

A prática gnóstica é, portanto, uma forma de resistência à dominação do Demiurgo. Jesus ensina que, ao cultivar o conhecimento e o desapego, o gnóstico se fortalece contra as influências dos Arcontes e das forças que mantêm as almas cativas. Esses conceitos básicos do gnosticismo — o dualismo, a iluminação e a rejeição do mundo material — não são apenas ideias abstratas, mas diretrizes práticas que guiam o buscador em sua jornada. Cada um deles aponta para a libertação e para a reconexão com o divino, mostrando ao gnóstico que sua vida na matéria é apenas uma etapa transitória, um caminho de aprendizado e superação.

No Evangelho de Judas, esses conceitos são revelados como o núcleo da mensagem de Jesus, uma mensagem que desmascara as ilusões do mundo e oferece uma alternativa espiritual baseada no conhecimento e na liberdade. Judas, ao receber esses ensinamentos, se torna o exemplo do verdadeiro gnóstico, aquele que desafia as normas e que busca a verdade, mesmo que essa verdade o afaste do mundo e o torne alvo de julgamento e incompreensão. Ele compreende que a libertação está além das convenções sociais e que sua lealdade é para com o Deus Supremo, não com as autoridades deste mundo.

O gnosticismo, com sua ênfase no autoconhecimento e na rejeição da materialidade, desafia as bases das estruturas religiosas e sociais que dominam a humanidade. Ele oferece uma visão alternativa, onde a verdadeira liberdade é alcançada não pela obediência, mas pela superação das ilusões. Jesus, ao compartilhar essa visão com Judas, revela que a salvação é um processo de despertar, um caminho que exige coragem, desapego e uma disposição para ver o mundo com olhos renovados. O Evangelho de Judas, então, emerge como uma obra que não apenas revela os mistérios espirituais, mas que desafia o leitor a abandonar as certezas e a buscar uma compreensão mais profunda da existência.

Esses conceitos básicos do gnosticismo transformam a busca espiritual em uma jornada de autodescoberta e empoderamento. Ao compreender a natureza dual do cosmos, o propósito da iluminação e a necessidade de rejeitar as ilusões materiais, o gnóstico se torna um guerreiro espiritual, alguém que luta contra a ignorância e que se dedica a buscar a verdade, independentemente das dificuldades. A mensagem de Jesus a Judas, portanto, não é apenas uma revelação espiritual, mas um chamado para a ação, uma orientação para que cada alma, em sua própria jornada, busque o conhecimento que liberta e transcenda as limitações do mundo físico, retornando ao Deus Supremo.

Capítulo 13
Judas e o Papel do Sacrifício

No Evangelho de Judas, o sacrifício assume uma forma única e paradoxal, especialmente no contexto da relação entre Judas e Jesus. Enquanto na narrativa tradicional Judas é visto como o traidor que entrega Jesus às autoridades, no evangelho gnóstico ele é retratado como alguém que compreende e participa de um plano espiritual muito mais complexo. Para o gnosticismo, o sacrifício não é apenas um evento histórico ou uma ação de redenção em termos de absolvição de pecados. Ele é um meio de libertação da alma do mundo material, um portal que permite que Jesus transcenda as amarras físicas e retorne ao Deus Supremo. O papel de Judas nesse sacrifício revela não apenas a importância de seu entendimento, mas também uma aceitação de sua própria participação em algo que ultrapassa os julgamentos morais comuns, refletindo um tipo de obediência espiritual à verdade que ele apenas vislumbra.

Para os gnósticos, o sacrifício de Jesus é o ato final de desprendimento do mundo físico, um símbolo do rompimento com a ilusão material. Na narrativa do Evangelho de Judas, Jesus escolhe Judas para cumprir esse papel não por um desvio ou por fraqueza moral, mas porque ele confia que Judas possui a força e a compreensão necessárias para agir conforme o plano divino. Jesus revela a ele a natureza da existência, a origem e o destino da alma, e a necessidade de libertação do corpo, algo que os demais discípulos não conseguem assimilar. Essa revelação é o que permite a Judas aceitar seu papel sem questionar ou tentar escapar do estigma da traição que, aos olhos humanos, recairá sobre ele.

Para Judas, seu papel é um sacrifício consciente, onde ele aceita o julgamento terreno em nome de uma verdade maior.

O gnosticismo enfatiza que o verdadeiro sacrifício não se refere a rituais externos ou a atos impostos por uma autoridade religiosa. Em vez disso, o sacrifício gnóstico é o abandono das ilusões e dos desejos que mantêm a alma presa ao ciclo de nascimento e morte. Para alcançar o Deus Supremo, o gnóstico deve romper com as amarras da matéria, superando as influências do Demiurgo e de seus Arcontes. O sacrifício de Jesus, auxiliado por Judas, se apresenta como o ato final de transcendência, onde o espírito escapa do cativeiro material. Judas entende que a morte de Jesus não é uma derrota, mas a libertação necessária para que sua alma retorne ao pleroma, livre das correntes impostas pelo Demiurgo.

Ao aceitar seu papel nesse sacrifício, Judas também experimenta uma transformação espiritual. Ele não age com malícia ou ambição; ao contrário, ele segue o propósito revelado por Jesus, consciente de que sua participação resultará em condenação pública. Mas o verdadeiro gnóstico, como o próprio Judas, sabe que a aprovação do mundo é irrelevante diante da verdade eterna. Essa consciência confere a Judas uma força interior que transcende os julgamentos terrenos e as opiniões alheias. Seu sacrifício, assim, não é apenas um ato de obediência a Jesus, mas um ato de entrega ao conhecimento que liberta. Judas entende que sua ação é um meio de cumprir um propósito maior, onde o aparente ato de traição é, na verdade, uma forma de devoção ao plano divino.

No Evangelho de Judas, o conceito de sacrifício está profundamente ligado à noção de gnose — o conhecimento salvador que permite à alma discernir a verdade por trás das aparências. Jesus ensina a Judas que a iluminação não é uma recompensa fácil ou um estado que se alcança através de práticas externas. A verdadeira iluminação exige uma rendição do ego, uma aceitação de que a alma não pertence ao mundo material e que o corpo é apenas uma vestimenta temporária. O sacrifício, então, é visto como a morte do ego, o abandono da identidade terrena em favor de uma identidade divina. Judas, ao entregar Jesus, participa simbolicamente desse processo, representando o desapego da ilusão material e a aceitação do destino espiritual.

A visão gnóstica do sacrifício de Jesus também redefine o significado da crucificação. Ao invés de um evento destinado a apaziguar um Deus vingativo ou a pagar pelos pecados da humanidade, a crucificação é um meio de demonstrar que o verdadeiro eu não pode ser destruído pelo sofrimento físico ou pela morte. O corpo de Jesus, criado e governado pelo Demiurgo, é sacrificado para que sua alma possa retornar ao reino do Deus Supremo. Judas, ao perceber essa verdade, compreende que a crucificação não é uma tragédia, mas uma necessidade para a libertação do espírito. A dor e o sofrimento tornam-se transitórios e sem poder sobre a alma desperta, que enxerga além da experiência terrena e reconhece sua verdadeira natureza.

Essa compreensão do sacrifício desafia as normas e as crenças ortodoxas sobre redenção e expiação. Para o gnosticismo, a salvação não vem de um ato de submissão a um deus exterior, mas do reconhecimento de que o espírito transcende a carne. Jesus, ao se sacrificar, demonstra que a vida espiritual é imortal e que o corpo físico é apenas uma sombra, uma casca que será descartada quando a alma estiver pronta para retornar ao seu verdadeiro lar. Judas, como colaborador nesse sacrifício, não é o vilão da história, mas alguém que compreende o propósito maior e que age de acordo com a verdade que lhe foi revelada. Ele sacrifica sua própria reputação e aceita ser incompreendido, porque sabe que sua lealdade é ao Deus Supremo e não aos julgamentos terrenos.

Esse entendimento do sacrifício como um caminho para a liberdade espiritual reforça a importância do conhecimento e da coragem no gnosticismo. Judas, ao participar do plano de Jesus, mostra que a verdadeira devoção exige uma disposição para enfrentar as consequências e para desafiar as normas sociais e religiosas. O gnóstico entende que a verdade espiritual raramente é aceita pelo mundo, pois ela desafia a autoridade do Demiurgo e expõe as ilusões que sustentam o domínio das forças materiais.

Assim, o sacrifício gnóstico é um ato de rebeldia e de libertação, uma afirmação de que a alma está acima do corpo e que o verdadeiro eu não pode ser aprisionado.

No Evangelho de Judas, esse sacrifício é uma porta que leva ao reino da luz. Jesus ensina que o sofrimento do corpo é passageiro e que a morte é apenas uma transição para o verdadeiro estado de existência. Judas, ao aceitar seu papel, torna-se um símbolo de transcendência, alguém que compreende que a alma é imortal e que a vida terrena é apenas uma etapa de uma jornada maior. O sacrifício, nesse sentido, é a libertação da alma das ilusões impostas pelo Demiurgo, uma jornada que exige não apenas conhecimento, mas também a capacidade de superar o medo da morte e de abraçar a verdade que reside além do corpo físico.

O papel de Judas como colaborador nesse sacrifício o torna uma figura de coragem e de visão espiritual. Ele é o discípulo que, ao contrário dos outros, consegue ver além das aparências e compreender o verdadeiro propósito da missão de Jesus. Ele sabe que será condenado pelos homens, mas seu foco está na aprovação do Deus Supremo e na liberdade espiritual que o sacrifício proporcionará. Esse ato de fidelidade ao propósito divino é o que diferencia Judas e o transforma em um exemplo do verdadeiro gnóstico, alguém que, mesmo diante da incompreensão e do julgamento, permanece fiel ao conhecimento e ao propósito que lhe foram revelados.

A compreensão do sacrifício no Evangelho de Judas é um convite para que o leitor também reavalie suas próprias crenças sobre o corpo, o sofrimento e a morte. O gnosticismo propõe uma visão onde a verdadeira vida está além do físico, onde a alma encontra sua plenitude ao se libertar das amarras materiais e ao retornar ao pleroma. Jesus, ao compartilhar essa verdade com Judas, convida cada buscador a enxergar o sacrifício como um meio de transcender as ilusões e de reencontrar sua essência divina. Essa visão desafiadora, embora radical, oferece uma perspectiva libertadora, onde o sofrimento é apenas uma sombra passageira diante da luz eterna do Deus Supremo.

Assim, o sacrifício, no contexto do gnosticismo e do Evangelho de Judas, é uma jornada de desprendimento, uma entrega consciente que leva à iluminação e à libertação. Judas, ao aceitar seu papel, demonstra que o verdadeiro conhecimento exige coragem, um entendimento profundo da natureza da alma e uma disposição para seguir a verdade, mesmo que isso implique em ser mal compreendido pelo mundo. Ele representa o buscador gnóstico, aquele que sacrifica seu ego e sua reputação em nome de uma realidade maior, uma realidade que se encontra além das aparências e que apenas o verdadeiro conhecimento pode revelar.

Capítulo 14
Conhecimento e Salvação

No coração da filosofia gnóstica, conforme apresentada no Evangelho de Judas, reside a crença de que o verdadeiro caminho para a salvação não é pavimentado pela fé cega, pela submissão a dogmas ou pela prática de rituais externos. Em vez disso, a salvação é um estado de libertação que só pode ser alcançado através do conhecimento — a gnose. Esse conhecimento, mais do que uma simples compreensão intelectual, é uma revelação direta e pessoal da essência divina que habita na alma humana e a conecta ao Deus Supremo. O Evangelho de Judas revela uma perspectiva ousada e transformadora: a salvação não é concedida de fora para dentro, mas brota de dentro, conforme o indivíduo desperta para a verdade de sua natureza espiritual e para a ilusão do mundo material.

A salvação, para o gnóstico, é uma jornada de autoconhecimento, onde o indivíduo deve desvendar as camadas de ilusões que o separam de sua essência divina. Jesus ensina a Judas que a verdadeira redenção não se dá pelo cumprimento de leis externas, mas pela compreensão profunda de que o mundo físico é uma criação imperfeita do Demiurgo. Esse mundo, com todas as suas limitações e sofrimentos, é uma prisão que mantém as almas afastadas de sua verdadeira origem. Jesus, ao compartilhar o conhecimento da verdade com Judas, revela que o primeiro passo para a salvação é reconhecer essa prisão e buscar o caminho que leva de volta ao Deus Supremo, rompendo com as ilusões que sustentam a realidade material.

No gnosticismo, o conhecimento é a chave que permite à alma escapar do ciclo de ignorância e sofrimento. A ignorância, para o gnóstico, é o maior inimigo da alma; é a barreira que impede a alma de ver além das aparências e de perceber sua natureza eterna. Para a maioria das pessoas, o mundo material parece ser a única realidade, e as preocupações cotidianas — o trabalho, o status, as conquistas — ocupam a maior parte de suas atenções. Esse foco no mundo físico é exatamente o que mantém a alma adormecida, presa na ilusão de que sua identidade e seu propósito estão limitados ao corpo e ao ego. Jesus ensina a Judas que a verdadeira salvação é a libertação da alma desse estado de ignorância, um despertar que permite que o indivíduo compreenda que sua essência é imortal e que seu destino é retornar à unidade com o divino.

A gnose, como revelada no Evangelho de Judas, é uma experiência direta da divindade que reside no interior de cada ser humano. Essa iluminação não depende de uma autoridade externa, de um sacerdote ou de uma instituição religiosa, mas é o resultado de uma jornada pessoal de descoberta e de compreensão. Jesus explica a Judas que o verdadeiro conhecimento não é uma crença que pode ser transmitida de forma passiva, mas uma verdade que precisa ser vivida e experimentada. O gnóstico se torna, assim, o único responsável por sua salvação, pois é através de sua própria busca pelo conhecimento que ele consegue transcender a ilusão da matéria e escapar do domínio do Demiurgo.

Esse entendimento da salvação transforma a relação do indivíduo com o mundo e consigo mesmo. Ao perceber que sua verdadeira natureza é divina, a alma se desapega das preocupações e dos desejos que antes pareciam essenciais. A busca pelo prazer, pela segurança material e pelo reconhecimento social perde seu apelo, pois o gnóstico entende que essas coisas são passageiras e incapazes de trazer a verdadeira paz. Jesus ensina a Judas que a salvação é um estado de liberdade interior, onde a alma, livre das ilusões do ego, pode repousar na paz e na plenitude que só o Deus Supremo pode oferecer. Esse estado de salvação é, então, um retorno ao lar espiritual, onde a alma reencontra sua origem e sua verdadeira identidade.

Para o gnosticismo, a salvação não é uma recompensa que se obtém após a morte ou através de boas ações, mas um estado de ser que pode ser alcançado aqui e agora. Jesus, ao revelar essa verdade a Judas, mostra que a salvação é acessível a todos aqueles que estão dispostos a buscar o conhecimento e a ver além das aparências. No entanto, essa busca exige coragem, pois o gnóstico deve desafiar as convenções e as normas impostas pelo Demiurgo, rejeitando as leis que servem para manter as almas presas ao ciclo de nascimento e morte. O processo de salvação, então, é uma luta contra a ignorância e uma jornada em direção à luz, onde o conhecimento serve como uma tocha que ilumina o caminho.

A ênfase no conhecimento como meio de salvação também diferencia o gnosticismo de outras tradições religiosas que valorizam a fé cega e a submissão a dogmas. No Evangelho de Judas, Jesus destaca que o verdadeiro buscador não se conforma com respostas superficiais ou com explicações oferecidas por figuras de autoridade. O gnóstico é um questionador, alguém que busca a verdade de maneira incansável, sem se contentar com os ensinamentos tradicionais que foram distorcidos pelo Demiurgo para manter o controle sobre as almas. Para o gnóstico, a fé sem conhecimento é uma forma de escravidão, um estado onde o indivíduo se conforma com a ignorância e se afasta da verdadeira natureza divina que existe dentro de si.

Esse conhecimento, no entanto, não é algo que possa ser imposto ou ensinado como uma doutrina. A gnose é um estado de iluminação que só pode ser alcançado através de uma experiência direta e pessoal. Jesus ensina a Judas que cada alma possui dentro de si o potencial para encontrar a verdade e que essa verdade é uma chama que precisa ser acesa através da introspecção e da prática espiritual. A salvação, portanto, não é algo que Jesus concede, mas algo que ele inspira. Ele guia Judas para que este encontre o caminho de volta ao Deus Supremo por conta própria, ensinando-o a confiar em sua própria percepção e a buscar a sabedoria que reside no seu interior.

A visão gnóstica de salvação também redefine o papel de Jesus como portador do conhecimento. Ele não é um salvador que se sacrifica para absolver a humanidade de seus pecados, mas um mestre que revela a verdade sobre a natureza do cosmos e da alma. No Evangelho de Judas, Jesus aparece como um guia que mostra o caminho para a liberdade espiritual, mas que deixa a responsabilidade do despertar para cada indivíduo. Judas, ao receber esse conhecimento, compreende que sua própria salvação depende de sua capacidade de assimilar e vivenciar essa verdade, de fazer a jornada interior que o levará de volta ao Deus Supremo. A figura de Jesus, portanto, é um símbolo de luz e de libertação, alguém que representa o que é possível para todos que buscam a verdade.

Esse caminho de conhecimento é, no entanto, exigente e repleto de desafios. Jesus explica que o processo de salvação envolve o desapego de tudo o que é terreno, incluindo o próprio ego, as emoções e os vínculos que o mantêm preso ao ciclo de reencarnação. A alma, para alcançar o pleroma, deve aprender a distinguir o que é real do que é ilusório, a buscar o que é eterno e a deixar de lado o que é passageiro. Essa busca pela verdade é um processo de purificação, onde o indivíduo deve se despir das ilusões e se abrir para a luz. O gnóstico que percorre esse caminho deve estar preparado para enfrentar o isolamento, pois a verdade que ele descobre muitas vezes entra em conflito com as crenças e as normas da sociedade.

No Evangelho de Judas, a busca pelo conhecimento e a salvação que ele proporciona são apresentados como uma escolha consciente. Jesus ensina a Judas que a salvação é oferecida a todos, mas que poucos a abraçam verdadeiramente. A maioria das pessoas prefere as certezas e o conforto da ignorância, recusando-se a questionar as aparências e a enfrentar a verdade sobre o mundo material. A salvação, então, não é um evento universal, mas uma experiência pessoal, um caminho que cada alma deve percorrer sozinha. Judas, ao receber essa revelação, entende que seu papel é maior do que ele imaginava; ele se torna um exemplo para aqueles que buscam a verdade, mostrando que a salvação é possível para aqueles que têm coragem de buscar o conhecimento.

Essa compreensão do papel do conhecimento na salvação oferece uma nova perspectiva sobre o propósito da existência humana. O mundo material, com todas as suas imperfeições, é um lugar de aprendizado, onde a alma tem a oportunidade de despertar para sua verdadeira natureza. Cada desafio, cada dor e cada perda são vistos pelo gnóstico como oportunidades para transcender a ilusão e fortalecer o entendimento espiritual. A salvação, portanto, não é uma fuga do sofrimento, mas um processo de transformação interior, onde a alma se torna cada vez mais alinhada com o Deus Supremo e menos influenciada pelas limitações impostas pelo Demiurgo.

Em última análise, o conceito de salvação no gnosticismo e no Evangelho de Judas é um chamado para a libertação, um convite para que cada alma redescubra sua essência divina e retorne ao Deus Supremo. Esse retorno não é um evento distante, mas uma possibilidade que se encontra ao alcance daqueles que buscam o conhecimento e que estão dispostos a superar as ilusões do mundo material. A mensagem de Jesus a Judas é, então, uma promessa de que a verdade e a liberdade aguardam todos os que se dedicam à busca pelo conhecimento, uma busca que leva a alma ao seu verdadeiro lar, onde a paz e a unidade com o divino são eternas.

Capítulo 15
Entendendo os Arcontes

No cerne da cosmologia gnóstica, conforme explorada no Evangelho de Judas, estão os Arcontes — seres espirituais inferiores que exercem controle sobre o mundo material, mantendo as almas aprisionadas em um ciclo interminável de ignorância e sofrimento. No diálogo entre Jesus e Judas, Jesus revela a natureza e o papel desses Arcontes, expondo-os como forças que agem sob o domínio do Demiurgo. Enquanto o Deus Supremo permanece no reino de luz e perfeição, o Demiurgo, criador do mundo físico, reina sobre o plano material com a ajuda desses Arcontes. Eles são os guardiões do universo material e da ilusão, impedindo que as almas humanas despertem para a verdade de sua origem divina.

Esses Arcontes são descritos como entidades que representam os aspectos mais enganosos e opressivos da existência física. Em várias tradições gnósticas, os Arcontes são associados a paixões humanas e a vícios que mantêm a alma presa às preocupações terrenas — como o medo, o desejo, a vaidade e a ambição. Eles manipulam o mundo através das estruturas sociais, políticas e religiosas, estabelecendo regras que reforçam a ordem material e desencorajam qualquer questionamento espiritual profundo. Jesus explica a Judas que esses Arcontes atuam como servos do Demiurgo, zelando para que a alma permaneça adormecida e submissa ao controle das forças materiais. Dessa forma, eles são os intermediários que impõem a vontade do Demiurgo, mantendo as almas distantes do conhecimento e da liberdade.

Para os gnósticos, entender a natureza dos Arcontes é essencial para alcançar a libertação espiritual. O conhecimento, ou gnose, permite que o buscador perceba a influência desses seres e os identifique como forças de ilusão e opressão. Jesus ensina a Judas que os Arcontes não possuem poder sobre aqueles que despertam para a verdade, pois seu domínio se estende apenas àqueles que permanecem inconscientes da sua verdadeira natureza. A ignorância é a chave do poder dos Arcontes, e é justamente essa ignorância que a gnose busca erradicar. Ao receber o conhecimento sobre os Arcontes, Judas compreende que a luta pela salvação é, em grande parte, um processo de resistência e de conscientização, uma batalha contra as ilusões impostas por esses seres.

O controle dos Arcontes se manifesta em muitos aspectos da vida cotidiana. No Evangelho de Judas, Jesus aponta que eles exercem poder sobre a mente e o corpo, gerando desejos e medos que distraem a alma de seu verdadeiro propósito. Eles cultivam a vaidade, a ganância e o apego aos prazeres efêmeros, mantendo as pessoas presas a um ciclo de necessidades e satisfações temporárias. Para os gnósticos, essas tentações não são meros traços humanos, mas são deliberadamente incentivadas pelos Arcontes para garantir que as almas continuem girando na roda da materialidade. Os Arcontes não são apenas governantes de um reino físico, mas manipuladores que mantêm a consciência humana voltada para o exterior, para o mundo sensorial, de modo que o indivíduo se esqueça de sua verdadeira natureza espiritual.

A relação entre o Demiurgo e os Arcontes é semelhante à de um rei e seus servos. O Demiurgo, na visão gnóstica, é um ser cego e arrogante, convencido de que ele é o único deus e que o mundo físico é o ápice da criação. Os Arcontes, em sua posição subserviente, obedecem e executam sua vontade, perpetuando a mentira de que o mundo material é tudo o que existe. Jesus revela a Judas que o poder dos Arcontes depende da aceitação dessa mentira. Quando as almas acreditam que não há nada além do mundo físico, elas se tornam sujeitas aos caprichos do Demiurgo e de seus agentes, permanecendo presas em uma existência de sofrimento e de alienação espiritual.

O conhecimento gnóstico ensina que a chave para escapar do controle dos Arcontes é a conscientização. Jesus instrui Judas a observar os modos pelos quais esses seres influenciam a mente e o comportamento, ensinando-o a ver além das aparências e a identificar as armadilhas que eles colocam ao longo do caminho espiritual. A gnose permite que o buscador desenvolva um discernimento que transcende o medo e o desejo, revelando que essas emoções são fabricadas e manipuladas para manter a alma presa. Jesus ensina que o buscador gnóstico deve cultivar uma visão clara e desapegada, onde os pensamentos e os impulsos não são aceitos cegamente, mas analisados e compreendidos como instrumentos de controle dos Arcontes.

Para os gnósticos, a libertação do poder dos Arcontes também envolve uma prática de resistência e de purificação espiritual. Jesus explica a Judas que o controle exercido por esses seres é intenso, mas que eles não conseguem tocar a verdadeira essência da alma. Essa essência, uma partícula do Deus Supremo, permanece pura e intacta, além do alcance dos Arcontes. Eles conseguem manipular o corpo e influenciar a mente, mas não podem penetrar a luz divina que reside no âmago de cada ser. O processo de iluminação, então, é a jornada para reconectar-se com essa luz interna, um caminho de retorno que passa pela rejeição das mentiras dos Arcontes e pela afirmação da verdade espiritual.

O Evangelho de Judas também sugere que os Arcontes atuam através das instituições e das normas estabelecidas na sociedade. Jesus revela a Judas que os sistemas de poder, sejam eles políticos, sociais ou religiosos, foram desenhados para reforçar a ordem do Demiurgo e para perpetuar o controle sobre as almas. As leis, as tradições e as expectativas sociais funcionam como correntes invisíveis, que desencorajam qualquer tentativa de despertar espiritual. O gnóstico, ao perceber isso, torna-se um desafiante das estruturas impostas, um questionador das verdades que a sociedade apresenta como absolutas. Jesus ensina a Judas que a busca pela liberdade exige que o buscador seja corajoso e disposto a romper com as convenções, pois essas convenções são ferramentas do Demiurgo para manter as almas subjugadas.

A relação entre os Arcontes e o sofrimento humano é outro ponto fundamental na visão gnóstica. Esses seres, na medida em que controlam o mundo material, são responsáveis pelas condições de dor e de frustração que caracterizam a existência física. Eles incentivam a busca por prazeres efêmeros e a criação de vínculos superficiais, sabendo que essa busca nunca traz a verdadeira paz. Ao manter as almas em um estado constante de desejo e insatisfação, os Arcontes garantem que o ciclo de sofrimento nunca seja rompido. Jesus ensina a Judas que a dor e o desejo são ilusões, sombras da verdadeira felicidade que só pode ser encontrada no Deus Supremo. Para o gnóstico, o reconhecimento da natureza transitória do mundo físico é o primeiro passo para superar o sofrimento e alcançar a paz verdadeira.

Essa percepção dos Arcontes e de suas estratégias também reforça a importância da prática espiritual no gnosticismo. Jesus instrui Judas a cultivar a introspecção e a vigilância, duas qualidades que permitem que a alma reconheça a presença dos Arcontes e resista às suas influências. A meditação, o silêncio e o desapego são armas poderosas contra o domínio desses seres. O gnóstico, ao fortalecer sua conexão com o divino, se torna imune aos ataques dos Arcontes e às ilusões que eles promovem. A liberdade espiritual, então, não é apenas um estado de consciência, mas uma prática de resistência diária, onde a alma se firma em sua verdadeira natureza e rejeita os apelos do mundo material.

A revelação sobre os Arcontes no Evangelho de Judas oferece ao leitor uma visão abrangente sobre os desafios da jornada espiritual. Os Arcontes representam as forças de resistência que o buscador enfrenta ao tentar se libertar das ilusões e retornar ao Deus Supremo. Jesus explica a Judas que essa luta é inevitável, mas que ela fortalece a alma e a prepara para a liberdade. Cada vez que a alma resiste às influências dos Arcontes, ela se aproxima mais da verdade e da paz que só podem ser encontradas no reino do Deus Supremo. Essa luta contra os Arcontes, então, é um processo de fortalecimento e de iluminação, onde o buscador aprende a afirmar sua própria divindade e a rejeitar o domínio do Demiurgo.

Para o gnóstico, a compreensão dos Arcontes é essencial para a realização de sua própria liberdade. Ao perceber que essas forças são externas e que agem para manter a alma em um estado de ignorância, o buscador é incentivado a desenvolver um estado de alerta e de consciência. Jesus, ao revelar essa verdade a Judas, capacita-o para ver o mundo com olhos renovados, para reconhecer as forças invisíveis que moldam o comportamento humano e para resistir a essas forças com o poder do conhecimento. A luta contra os Arcontes não é uma guerra no sentido físico, mas uma batalha interna, onde a alma reafirma sua luz e rejeita a escuridão que tenta dominá-la.

No fim, a revelação dos Arcontes é uma lição de autonomia e de poder espiritual. Jesus mostra a Judas que, embora os Arcontes sejam poderosos, eles não possuem autoridade sobre aqueles que despertam para a verdade. O conhecimento é a arma que desarma esses seres, a luz que dissolve as sombras de sua influência. Ao entender os Arcontes, o gnóstico se fortalece em sua busca e se aproxima do Deus Supremo, livre das ilusões e das prisões do mundo material. Essa libertação é o objetivo final do gnosticismo, uma vitória sobre o Demiurgo e seus agentes, uma jornada de retorno à paz e à luz eternas que aguardam aqueles que buscam o conhecimento verdadeiro.

Capítulo 16
As Hierarquias Espirituais

No vasto panorama do gnosticismo, o cosmos é entendido como um sistema organizado, onde diferentes forças espirituais desempenham papéis distintos. No Evangelho de Judas, Jesus revela a Judas a complexa hierarquia que governa o universo, destacando a divisão entre os reinos da luz e da escuridão e o papel que cada entidade desempenha nesse equilíbrio. Ao contrário da visão tradicional em que o universo é comandado diretamente por um único Deus onipotente, a cosmologia gnóstica propõe um universo estruturado em múltiplos níveis, onde seres espirituais chamados Eons, Arcontes e o próprio Demiurgo atuam sobre diferentes aspectos da existência material e espiritual. Essa organização hierárquica reflete a distância entre o Deus Supremo e o mundo físico e ajuda a explicar a complexidade e o propósito da jornada da alma em busca de iluminação.

O ápice dessa hierarquia é ocupado pelo Deus Supremo, uma entidade transcendente e incompreensível que reside no pleroma, o reino da perfeição e da luz eterna. O Deus Supremo, no entendimento gnóstico, não interfere diretamente no mundo material, pois este foi criado pelo Demiurgo, um ser menor e imperfeito que age fora do pleroma. Para o gnóstico, o Deus Supremo é a fonte de toda a luz e verdade, e é para Ele que a alma aspira retornar após despertar do estado de ignorância. Ao revelar essa verdade a Judas, Jesus explica que o Deus Supremo é inacessível para aqueles que ainda estão presos às ilusões da matéria, mas que o caminho para Ele pode ser trilhado através da gnose, o conhecimento que transcende o mundo físico.

Abaixo do Deus Supremo estão os Eons, entidades que emitem a luz divina e compõem o pleroma. Cada Eon representa um aspecto da perfeição divina, refletindo virtudes como sabedoria, amor, verdade e paz. Esses Eons não são deuses no sentido tradicional, mas manifestações da essência do Deus Supremo, fragmentos de sua divindade que, unidos, formam a totalidade do pleroma. Entre os Eons, a figura de Sophia, a sabedoria, ocupa um lugar central na cosmologia gnóstica. Sophia, impulsionada por seu desejo de conhecer a essência do Deus Supremo, age independentemente e acaba causando a criação do Demiurgo. Esse evento leva à separação entre o pleroma e o cosmos material, desencadeando uma série de eventos que resultam no aprisionamento das almas no mundo físico.

Abaixo dos Eons, na hierarquia espiritual, encontram-se os Arcontes, que exercem controle direto sobre o mundo material. Essas entidades, subordinadas ao Demiurgo, atuam como guardiões do cosmos físico, impondo uma ordem ilusória que mantém as almas cativas. Jesus explica a Judas que os Arcontes são manipuladores das forças da matéria, responsáveis por cultivar os desejos e os apegos que mantêm as almas em um estado de ignorância e dependência. Ao compreender a influência dos Arcontes, o gnóstico pode discernir a origem de suas próprias paixões e temores, reconhecendo que são projeções impostas para limitar seu crescimento espiritual. A gnose oferece a chave para superar a influência dos Arcontes, rompendo a ligação entre a alma e a matéria e permitindo que o indivíduo veja além das ilusões que esses seres promovem.

A figura do Demiurgo, o criador do mundo material, representa uma autoridade inferior que, embora possua o poder de moldar a matéria, é cego à verdadeira natureza do Deus Supremo. O Demiurgo, convencido de sua própria supremacia, criou o universo físico e governa sobre ele com arrogância e desprezo pela espiritualidade. No Evangelho de Judas, Jesus revela que o Demiurgo não é o Deus Supremo, mas um ser menor e imperfcito, incapaz de compreender a profundidade do pleroma e as verdades eternas. Ele é descrito como um usurpador que pretende ser o único deus, manipulando o mundo físico para manter as almas em cativeiro. Através do conhecimento, o gnóstico reconhece que o Demiurgo é uma figura que deve ser superada, pois seu domínio limita-se ao mundo da matéria.

Essa organização hierárquica revela uma realidade de múltiplas camadas, onde cada nível possui seu próprio propósito e onde a alma deve navegar para alcançar a libertação. Através do conhecimento e da iluminação, o gnóstico aprende a distinguir entre o domínio do Demiurgo e o reino do Deus Supremo, identificando as influências dos Eons e dos Arcontes em sua própria vida. Esse discernimento é o que permite que a alma inicie sua jornada de ascensão, transcendendo o mundo material e aproximando-se do pleroma. Jesus ensina a Judas que cada nível da hierarquia representa uma etapa na jornada da alma, e que ao compreender a estrutura do cosmos, o buscador pode tomar decisões que o conduzam à liberdade e à paz.

Para alcançar a ascensão espiritual, a alma deve purificar-se das influências dos Arcontes e superar as tentações impostas pelo Demiurgo. Os gnósticos acreditam que essa purificação ocorre através de uma série de práticas espirituais que fortalecem a conexão com o divino e enfraquecem o apego ao mundo material. A meditação, o silêncio e a introspecção são métodos que permitem ao gnóstico aproximar-se dos Eons, absorvendo a luz divina que eles emitem. Ao acessar essa luz, a alma consegue distinguir entre o que é eterno e o que é transitório, entre o que pertence ao Deus Supremo e o que é apenas uma sombra criada pelo Demiurgo. Esse processo de purificação não é imediato, mas requer um compromisso contínuo com o autoconhecimento e o desapego.

O Evangelho de Judas também destaca a importância de compreender o papel dos Arcontes e do Demiurgo para resistir às forças que mantêm as almas presas ao ciclo de nascimento e morte. Jesus explica a Judas que a libertação não é um dom que pode ser concedido por uma autoridade exterior, mas um estado que a alma alcança através da gnose. A hierarquia espiritual, ao mesmo tempo em que revela o poder do Demiurgo e de seus Arcontes, também indica a presença de forças superiores — os Eons — que estão ao alcance daqueles que buscam o conhecimento verdadeiro. A jornada do gnóstico é, portanto, um esforço para elevar-se além do plano material, encontrando nos Eons uma fonte de luz e de orientação que conduz à plenitude espiritual.

Essa hierarquia também revela o papel dos Eons como guias e protetores. Jesus ensina que os Eons, embora distantes do mundo material, influenciam a alma que busca a verdade, oferecendo-lhe intuição e sabedoria. Eles são os guardiões do pleroma, os pilares que sustentam a realidade divina e que, em silêncio, guiam o buscador em sua ascensão espiritual. A presença dos Eons é sentida nos momentos de iluminação e de paz interior, quando a alma percebe que sua verdadeira natureza é divina e que o mundo físico é apenas uma fase passageira. Os Eons simbolizam o destino final da jornada espiritual, um estado de perfeição e de unidade que aguarda todos aqueles que se libertam das limitações impostas pelo Demiurgo.

No Evangelho de Judas, essa compreensão das hierarquias espirituais não é apenas uma descrição teórica, mas uma orientação prática para o buscador gnóstico. Jesus revela a Judas que, ao entender a estrutura do cosmos, a alma pode encontrar o caminho de volta ao pleroma, superando as limitações impostas pela matéria e reaproximando-se da luz divina. Essa hierarquia é, ao mesmo tempo, um desafio e uma promessa; ela revela os obstáculos que o gnóstico deve enfrentar, mas também aponta para a presença de forças benevolentes que o auxiliam em sua jornada. O conhecimento dessas hierarquias torna-se, assim, uma bússola espiritual, uma ferramenta que permite ao gnóstico navegar pelo universo com sabedoria e determinação.

A revelação das hierarquias espirituais no Evangelho de Judas ensina que o cosmos é uma estrutura onde cada nível de existência possui um propósito e onde cada entidade, seja o Demiurgo, os Arcontes ou os Eons, desempenha um papel que contribui para a jornada da alma. Ao final dessa jornada, a alma encontra o Deus Supremo, o ápice da hierarquia, e alcança a unidade com o pleroma, o reino eterno onde a paz e a luz são absolutas. Essa visão cósmica oferece ao gnóstico uma compreensão da realidade que transcende o plano físico e o conecta com as forças eternas que sustentam a criação. É uma visão que transforma a jornada espiritual em um processo de descoberta e de retorno, onde cada passo aproxima a alma de sua origem divina.

Com a compreensão das hierarquias espirituais, o gnóstico se arma de discernimento e de propósito, reconhecendo que seu destino final não é a morte, mas a reintegração com o divino. Esse conhecimento permite que ele veja o mundo com novos olhos, percebendo que as forças que o cercam, sejam elas positivas ou negativas, são etapas que ele deve superar para alcançar a verdade última. O Evangelho de Judas oferece, assim, uma visão poderosa da realidade espiritual, onde cada entidade cósmica desempenha seu papel e onde a alma encontra o caminho para a liberdade e para a unidade com o Deus Supremo.

Capítulo 17
Práticas de Meditação Gnóstica

No caminho gnóstico, a meditação assume um papel fundamental como meio de contato direto com o divino e de ascensão espiritual. Enquanto o Evangelho de Judas revela um universo governado por forças inferiores, como o Demiurgo e os Arcontes, a meditação é apresentada como uma prática que permite à alma escapar das influências materiais e elevar-se em direção ao Deus Supremo. Através da meditação, o gnóstico busca uma conexão interna com os Eons e com a luz que emana do pleroma, o reino eterno e perfeito. Mais do que uma simples prática de relaxamento, a meditação gnóstica é uma disciplina espiritual que requer um mergulho profundo no próprio ser, permitindo ao praticante acessar a sabedoria oculta e perceber a verdade por trás das ilusões do mundo físico.

A meditação, conforme ensinada no gnosticismo, começa com o silêncio interior. Jesus explica a Judas que o silêncio é uma ponte para o entendimento, pois somente ao silenciar a mente é que a alma consegue ouvir a voz do divino. No mundo material, as distrações e os estímulos externos mantêm a mente ocupada com preocupações e desejos, impedindo que a consciência se volte para seu verdadeiro propósito. A prática do silêncio é, portanto, o primeiro passo para o buscador gnóstico, que aprende a observar seus próprios pensamentos sem se identificar com eles. Esse distanciamento permite que a alma perceba que os desejos e as emoções são, em sua maioria, influências impostas pelos Arcontes, destinadas a manter o ser humano preso ao mundo material.

Ao cultivar o silêncio, o gnóstico se prepara para a segunda etapa da meditação: a contemplação. Na contemplação, o praticante se concentra na luz interior, uma centelha do Deus Supremo que reside dentro de cada alma. Jesus ensina que essa luz é a chave para a libertação, pois é uma lembrança constante da verdadeira origem do indivíduo e do destino espiritual que o aguarda. Na contemplação, o gnóstico se esforça para ver além das aparências, para encontrar a conexão invisível que o une ao pleroma e aos Eons. Essa prática ajuda o praticante a reconhecer que sua essência não pertence ao mundo físico, mas é uma partícula do divino aprisionada na matéria. Ao se conectar com essa luz interna, o gnóstico fortalece sua consciência e reduz a influência dos Arcontes, que dependem do medo e da dúvida para manter a alma em cativeiro.

A meditação gnóstica também envolve práticas de visualização que ajudam o praticante a transcender as limitações do corpo e da mente. Uma dessas visualizações consiste em imaginar a própria alma ascendendo através das esferas espirituais, passando pelo domínio dos Arcontes e aproximando-se do pleroma. Essa prática simbólica não é apenas um exercício de imaginação, mas uma maneira de treinar a consciência para superar as influências materiais e alcançar uma visão mais clara da verdade espiritual. Jesus revela a Judas que a ascensão é um processo gradual, onde a alma precisa ultrapassar cada camada da realidade material para chegar ao reino do Deus Supremo. Ao visualizar essa jornada, o gnóstico fortalece sua determinação e se prepara para os desafios que encontrará ao longo do caminho.

Outra técnica importante na meditação gnóstica é a introspecção profunda. No gnosticismo, a alma é vista como um reflexo do universo, onde cada pensamento e cada emoção são ecos das forças cósmicas que governam a realidade. Ao observar a própria mente, o gnóstico começa a perceber como as influências dos Arcontes se manifestam em sua vida, seja através de medos, desejos ou ilusões. A introspecção é, portanto, uma prática de autodescoberta, onde o praticante reconhece as forças externas que o manipulam e aprende a resistir a elas. Essa auto-observação permite que a alma se fortaleça, desenvolvendo uma resistência interna que a protege contra as ilusões do Demiurgo e de seus servos. A introspecção também ajuda o gnóstico a identificar suas fraquezas e a transformá-las em fontes de poder espiritual.

Além do silêncio e da contemplação, a prática de mantras é utilizada no gnosticismo como um meio de invocar a presença dos Eons e de sintonizar a alma com a frequência divina. Mantras são palavras ou frases sagradas que, repetidas em meditação, ajudam o praticante a harmonizar sua energia com as vibrações do pleroma. No Evangelho de Judas, Jesus sugere que os sons e as palavras têm o poder de moldar a realidade, permitindo que o gnóstico invoque a ajuda dos Eons e amplifique sua luz interna. Esses mantras, ao serem repetidos, conduzem o praticante a um estado de paz e de claridade, onde a mente se acalma e a alma se expande. Essa expansão permite que o gnóstico se aproxime do Deus Supremo, reduzindo a influência do Demiurgo e dos Arcontes sobre sua consciência.

A prática de visualização dos Eons é uma técnica avançada na meditação gnóstica. Os Eons, seres de luz que emitem a essência divina, representam aspectos da verdade e da perfeição. Visualizar os Eons significa sintonizar a alma com essas virtudes divinas, absorvendo a luz que emana do pleroma e fortalecendo o espírito contra as influências materiais. Jesus ensina a Judas que cada Eon possui uma característica única — como a sabedoria, o amor ou a paz — que pode ser absorvida pela alma em meditação. Ao visualizar e se conectar com esses Eons, o gnóstico se purifica, libertando-se das limitações impostas pelo corpo e pelo ego. Esse processo de comunhão espiritual eleva a alma e a prepara para a reintegração com o Deus Supremo, seu destino final.

A meditação gnóstica também envolve a prática do desapego, um exercício onde o praticante aprende a abandonar as ligações com o mundo material. Durante a meditação, o gnóstico foca em liberar os desejos e as preocupações que o mantêm preso ao corpo e ao ego. Jesus ensina que o desapego é essencial para alcançar a paz e a iluminação, pois enquanto a alma estiver apegada ao que é passageiro, ela não conseguirá se elevar ao reino do eterno. Esse desapego não significa desprezar o mundo ou os relacionamentos, mas sim enxergá-los com clareza e não permitir que eles definam a essência espiritual do praticante. Esse processo ajuda o gnóstico a ver o mundo com olhos de compaixão e compreensão, sem se deixar iludir ou prender pelas suas ilusões.

Para o gnóstico, a meditação é uma prática diária que fortalece o espírito e ilumina a mente. Ao longo do tempo, essas práticas criam um escudo espiritual que protege a alma das forças que tentam mantê-la em ignorância. Jesus instrui Judas sobre a importância da disciplina e da consistência na meditação, explicando que apenas através do esforço contínuo a alma pode superar o mundo material. Esse escudo espiritual não é uma defesa contra o sofrimento, mas uma barreira contra as ilusões que o Demiurgo e seus Arcontes impõem. Com o fortalecimento de sua consciência, o gnóstico desenvolve uma compreensão profunda da realidade e se torna imune às manipulações que governam o mundo físico.

No Evangelho de Judas, a meditação é apresentada não apenas como uma prática de conexão com o divino, mas como uma estratégia de resistência. Ao silenciar a mente, visualizar o pleroma e sintonizar-se com os Eons, o gnóstico declara sua independência do Demiurgo e de suas leis. Ele escolhe viver em harmonia com a verdade eterna, recusando-se a ser governado pelas forças da matéria. A meditação, então, é tanto um ato de rebeldia quanto de devoção, uma escolha de retornar ao Deus Supremo e de rejeitar o domínio das ilusões. Cada sessão de meditação fortalece essa decisão e aproxima a alma do estado de paz e de unidade com o pleroma.

O papel da meditação no gnosticismo, portanto, vai muito além de uma simples técnica de espiritualidade; ela é o coração da prática gnóstica, uma jornada de autodescoberta e de iluminação. Jesus, ao ensinar essas técnicas a Judas, oferece um mapa para a libertação, uma série de práticas que permitem ao gnóstico escapar do mundo material e encontrar a verdade dentro de si. A meditação é o caminho para a verdade, uma porta para o pleroma que cada buscador pode abrir através do silêncio, da contemplação, da visualização e do desapego. Essa jornada interior é o meio pelo qual a alma se reintegra ao Deus Supremo, transcende as ilusões e encontra a paz que tanto busca.

Capítulo 18
Silêncio e Reflexão Interior

No âmago da prática gnóstica, conforme apresentado no Evangelho de Judas, está a importância do silêncio e da reflexão interior como ferramentas para alcançar o conhecimento verdadeiro e a liberdade espiritual. Jesus instrui Judas sobre o poder transformador do silêncio, explicando que ele não é apenas uma ausência de ruído, mas um estado de receptividade onde a alma pode se conectar com a sabedoria divina. No caminho gnóstico, o silêncio é uma prática sagrada, um meio de desviar a mente das distrações externas e sintonizar-se com o divino que reside no interior de cada ser humano. O silêncio é o ponto de partida para a descoberta da verdade, pois somente na quietude a alma pode perceber as camadas de ilusão que a envolvem e começar a desvendar seu propósito eterno.

O silêncio, segundo o ensinamento de Jesus a Judas, permite que a alma supere as influências do Demiurgo e dos Arcontes, que manipulam a mente através das distrações e dos desejos terrenos. No mundo material, as almas estão constantemente expostas a estímulos que as mantêm em um estado de inquietude, presas em ciclos de ansiedade e desejos incessantes. Jesus revela que essa inquietação é uma tática usada pelo Demiurgo para impedir que as almas despertem para sua natureza divina. Ao praticar o silêncio, o gnóstico se retira dessas influências, distanciando-se do domínio material e estabelecendo uma conexão direta com o pleroma, o reino do Deus Supremo. O silêncio é, portanto, um refúgio espiritual, onde a alma encontra a paz necessária para iniciar sua jornada de autoconhecimento.

A prática do silêncio no gnosticismo vai além da quietude física e envolve um processo de esvaziamento da mente. Esse esvaziamento não é uma negação da realidade, mas uma limpeza interior que permite que a alma se liberte dos pensamentos repetitivos e das emoções que a prendem ao mundo físico. Ao aquietar a mente, o gnóstico começa a perceber que muitos de seus pensamentos e sentimentos são reflexos das influências dos Arcontes, projetados para manter a alma em um estado de ignorância. Esse entendimento permite que o praticante desidentifique-se dessas influências, reconhecendo que sua verdadeira essência transcende o ego e o corpo. A reflexão interior começa, então, a revelar a presença de uma luz interior, uma centelha do Deus Supremo que guia a alma em direção à verdade.

A reflexão interior, paralela ao silêncio, é um meio de autoconhecimento. Jesus ensina a Judas que, ao observar-se internamente, o gnóstico consegue identificar as camadas de ilusão que obscurecem sua verdadeira natureza. Essa prática envolve uma autoanálise constante, onde o indivíduo examina suas ações, pensamentos e sentimentos, buscando entender as motivações que os impulsionam. Esse processo de auto-observação é o que permite ao gnóstico perceber os apegos e desejos que o prendem ao mundo material, e, ao fazer isso, ele começa a dissolver as amarras que o impedem de alcançar o estado de paz espiritual. A reflexão interior é, portanto, um processo de purificação, onde a alma se liberta de influências externas e começa a descobrir sua própria essência divina.

No Evangelho de Judas, o silêncio é retratado como um estado onde a verdade pode ser ouvida. Jesus revela a Judas que o conhecimento verdadeiro não é encontrado nas palavras, mas no espaço entre elas, na quietude que permite que a alma se conecte com o Deus Supremo. Para o gnóstico, as palavras e os conceitos são insuficientes para descrever a realidade divina; eles apenas indicam o caminho, mas não o revelam completamente. O silêncio, ao contrário, permite que a alma sinta e vivencie essa verdade dirctamente, sem a interferência das limitações impostas pelo pensamento racional. Nesse silêncio profundo, o gnóstico se torna receptivo à sabedoria dos Eons e à luz do pleroma, experimentando uma paz que transcende o entendimento.

A prática do silêncio também é um exercício de humildade e entrega. Ao aquietar a mente, o gnóstico reconhece que seu conhecimento e suas opiniões são limitados, que existem realidades além do que seus sentidos podem captar. O silêncio é uma maneira de abrir mão do controle, de permitir que a verdade se revele sem a interferência do ego. Jesus ensina a Judas que essa entrega é essencial para alcançar a iluminação, pois a verdadeira sabedoria só pode ser recebida por aqueles que se esvaziam de suas próprias certezas e se tornam vasos para a luz divina. No silêncio, o gnóstico abandona o apego ao mundo material e se coloca em sintonia com o fluxo da criação, encontrando uma sabedoria que é eterna e inalterável.

Ao longo da prática de silêncio e reflexão, o gnóstico se torna capaz de diferenciar a voz do divino das vozes do mundo material. Esse discernimento é essencial para resistir às influências do Demiurgo e dos Arcontes, que constantemente tentam confundir a mente e desviar a alma de seu caminho. A prática do silêncio permite que o gnóstico desenvolva uma escuta profunda, onde ele consegue perceber a orientação dos Eons e reconhecer as intuições que vêm do Deus Supremo. Esse estado de consciência torna-se um escudo contra as ilusões do mundo, uma fortaleza interior que protege a alma e a guia em sua jornada de ascensão. Jesus ensina que, ao fortalecer essa conexão, o gnóstico se torna cada vez mais resistente às manipulações do mundo físico.

A reflexão interior também permite que o gnóstico reconheça os aspectos de si mesmo que precisam ser transformados. Ao observar-se com honestidade, o praticante começa a perceber as sombras que o impedem de se conectar plenamente com o divino — aspectos como o medo, a vaidade, a inveja e o orgulho. Jesus explica que esses traços são projeções das influências materiais e que, ao identificá-los e trabalhá-los, o gnóstico se purifica, abrindo espaço para que a luz interior se expanda. Essa transformação interior é uma parte essencial da jornada gnóstica, pois ela permite que a alma se liberte das limitações do ego e se aproxime do estado de unidade com o Deus Supremo. A reflexão, então, é uma ferramenta de cura e de autodescoberta, um processo que eleva a alma e a aproxima de sua verdadeira natureza.

No Evangelho de Judas, o silêncio e a reflexão interior são descritos como práticas que permitem ao gnóstico experimentar um estado de presença pura. Nesse estado, a mente se aquieta, o ego perde sua força, e a alma experimenta uma união com o cosmos que transcende as limitações da individualidade. Esse estado de presença é uma antecipação da paz que aguarda a alma no pleroma, uma amostra da unidade e da perfeição que existem no reino do Deus Supremo. Jesus ensina a Judas que, ao alcançar esse estado de paz interior, o gnóstico já começa a experimentar a liberdade, pois ele deixa de ser dominado pelo tempo e pelo espaço e passa a viver em harmonia com a eternidade.

A prática do silêncio e da reflexão interior também fortalece a capacidade do gnóstico de enfrentar as provações do caminho espiritual. Jesus explica a Judas que o caminho da iluminação é repleto de obstáculos, que o Demiurgo e seus Arcontes tentarão desviar o buscador com todo tipo de tentações e distrações. O silêncio e a reflexão tornam-se, assim, uma fonte de força e de equilíbrio, uma prática que permite ao gnóstico manter-se centrado e conectado com seu propósito, independentemente das circunstâncias externas. A alma que se acostuma a esse estado de quietude desenvolve uma resiliência que a protege contra as oscilações do mundo material, permitindo que ela siga sua jornada sem ser desviada.

No gnosticismo, o silêncio e a reflexão interior são, então, práticas de libertação. Elas permitem que a alma perceba a verdade de sua própria natureza, que reconheça o Deus Supremo como sua verdadeira origem e destino. Ao cultivar essas práticas, o gnóstico se liberta das amarras da ignorância e da ilusão, encontrando em seu próprio ser o caminho para a iluminação. Jesus ensina a Judas que o conhecimento é revelado apenas àqueles que estão dispostos a ouvir, e que o verdadeiro ouvir só pode ocorrer no silêncio. O gnóstico, ao alcançar esse estado de escuta profunda, torna-se um receptáculo para a verdade, alguém que encontrou a paz e a sabedoria que não dependem de nada externo.

Assim, o silêncio e a reflexão interior são apresentados como o alicerce da prática gnóstica. Essas práticas permitem que a alma escape das influências do Demiurgo e dos Arcontes, conectando-se diretamente com o pleroma e com o Deus Supremo. No silêncio, o gnóstico encontra a paz que o mundo material não pode oferecer; na reflexão, ele encontra a sabedoria que o guia em sua jornada de retorno ao divino. Essas práticas são um portal para a verdade, uma chave que abre as portas da percepção e que transforma o buscador, permitindo que ele viva em harmonia com a realidade espiritual. No Evangelho de Judas, o silêncio e a reflexão interior são, portanto, revelados como os caminhos para a verdadeira liberdade, uma liberdade que aguarda todos aqueles que se voltam para dentro e descobrem a luz que habita em seu próprio ser.

Capítulo 19
A Importância da Autodescoberta

Na busca gnóstica pela libertação espiritual, a autodescoberta é uma prática essencial que conduz à compreensão de quem realmente somos e do propósito maior de nossa existência. O Evangelho de Judas revela a autodescoberta como uma jornada de aprofundamento interior, um processo onde o indivíduo começa a desvendar a verdadeira natureza de sua alma e a reconhecer as ilusões que o mantêm aprisionado ao mundo material. Jesus compartilha com Judas que a autodescoberta é um pilar no caminho da iluminação, pois somente ao desvendar suas próprias sombras e ilusões o gnóstico pode transcender as limitações impostas pelo Demiurgo e pelos Arcontes.

A autodescoberta no gnosticismo não é uma exploração casual, mas uma análise profunda e honesta de si mesmo, onde a alma busca entender cada aspecto de sua consciência, cada impulso e cada desejo. Jesus ensina a Judas que a alma, ao longo de suas experiências no mundo físico, acumula várias camadas de influência externa, de padrões de pensamento e comportamento impostos pelo Demiurgo e reforçados pelos Arcontes. Esses padrões desviam a alma de seu verdadeiro propósito, mantendo-a enredada em ciclos de ilusão e desejo. Através da autodescoberta, o gnóstico começa a desatar esses nós, questionando e revelando o que é verdadeiramente seu e o que foi implantado para distraí-lo da busca pela luz.

Para o gnóstico, a autodescoberta é o reconhecimento da dualidade existente entre o ego e a essência divina. O ego, conforme explicado por Jesus, é a construção que se identifica com o corpo, o nome, os títulos e as posses — aspectos efêmeros que o Demiurgo utiliza para manter a alma ligada à matéria. Por outro lado, a essência divina é o verdadeiro eu, a parte da alma que pertence ao Deus Supremo e que carrega a luz do pleroma. O processo de autodescoberta envolve distinguir esses dois aspectos, reconhecendo as ilusões do ego e fortalecendo a conexão com a essência divina. Jesus revela a Judas que esse conhecimento sobre si mesmo é uma chave para a libertação, pois permite que a alma rompa com as ilusões e avance em direção à verdade.

No processo de autodescoberta, o gnóstico também enfrenta seus próprios medos, sombras e fraquezas. Jesus ensina que esses aspectos negativos são projeções das influências dos Arcontes, que se aproveitam das fraquezas emocionais para manter a alma presa ao mundo físico. Através da autodescoberta, o gnóstico aprende a observar seus medos e anseios sem se deixar dominar por eles. Esse enfrentamento das sombras internas é parte crucial do processo de purificação, onde a alma se livra dos pesos que a impedem de ascender ao pleroma. Ao observar e compreender seus próprios medos, o gnóstico se torna imune à manipulação dos Arcontes, fortalecendo-se contra as influências externas que o desviam de seu caminho espiritual.

A autodescoberta é também uma jornada de responsabilidade e autonomia. Jesus revela a Judas que cada alma é responsável por sua própria jornada e que o conhecimento verdadeiro não pode ser imposto de fora para dentro; ele deve ser descoberto e vivenciado. Esse entendimento leva o gnóstico a assumir plena responsabilidade por sua evolução espiritual, reconhecendo que cada escolha, cada pensamento e cada ação têm impacto em sua jornada. Através da autodescoberta, o indivíduo aprende a escolher conscientemente, a agir com propósito e a viver em harmonia com a verdade. Essa autonomia espiritual é o que diferencia o gnóstico, pois ele se torna independente das influências externas e se guia por uma sabedoria que vem de dentro.

Jesus ensina a Judas que, na prática da autodescoberta, o gnóstico também deve questionar as crenças e os valores que ele adota como verdades. O Demiurgo e os Arcontes estabelecem sistemas de crenças, valores e normas que reforçam a submissão e a obediência cega ao mundo material. A autodescoberta permite que o gnóstico questione essas estruturas, desafiando as normas e as leis impostas pelo Demiurgo. Essa prática de questionamento é, portanto, uma forma de rebeldia espiritual, onde o gnóstico se recusa a aceitar as limitações impostas pela matéria e escolhe criar seu próprio caminho em direção ao Deus Supremo. Esse processo de questionamento e de libertação das amarras mentais é o que permite que o gnóstico alcance um estado de clareza e de liberdade interior.

No Evangelho de Judas, a autodescoberta também é apresentada como um processo de reencontro com a divindade interior. Jesus ensina que, ao longo da jornada terrena, a alma esquece de sua origem divina, pois as experiências no mundo físico obscurecem sua conexão com o pleroma. A autodescoberta permite que o gnóstico recorde sua verdadeira natureza, redescobrindo a centelha divina que habita em seu interior. Esse reencontro com o eu superior é um momento de iluminação, onde a alma percebe que é uma extensão do Deus Supremo e que seu destino final é retornar ao pleroma. Esse conhecimento transforma a jornada da alma, pois o gnóstico passa a ver a vida terrena como uma passagem temporária, um meio de aprendizado que o prepara para a eternidade.

A prática da autodescoberta também leva o gnóstico a desenvolver a compaixão e o entendimento em relação ao próximo. Ao reconhecer suas próprias falhas e limitações, ele se torna mais capaz de entender e perdoar as fraquezas dos outros. Jesus ensina a Judas que o autoconhecimento verdadeiro gera compaixão, pois ele permite que o gnóstico veja a humanidade de maneira clara, entendendo que todos estão, de alguma forma, presos às influências do Demiurgo e dos Arcontes. Essa compaixão se torna uma ferramenta de libertação, pois o gnóstico, ao ajudar os outros em sua jornada, fortalece sua própria conexão com o Deus Supremo e avança em seu caminho de ascensão espiritual. A autodescoberta, então, não é apenas um processo interno, mas uma prática que transforma a relação do gnóstico com o mundo e com os outros.

Na autodescoberta, o gnóstico aprende também a identificar o que lhe traz verdadeira paz e propósito. Jesus ensina que, enquanto o mundo material oferece prazeres e distrações, ele não pode satisfazer a necessidade de sentido e de realização que habita na alma. A autodescoberta permite que o gnóstico reconheça que sua busca por paz e felicidade só pode ser plenamente realizada no retorno ao pleroma. Esse entendimento torna o gnóstico imune às armadilhas do mundo, pois ele passa a buscar a realização não nas posses ou nas conquistas externas, mas na conexão com sua própria essência divina. Esse estado de satisfação interior é o que o aproxima da paz e da plenitude que só o Deus Supremo pode oferecer.

A jornada da autodescoberta também desperta a coragem necessária para enfrentar os desafios e provações do caminho gnóstico. Jesus revela a Judas que, ao longo do caminho da iluminação, a alma encontrará obstáculos, tanto internos quanto externos, que testarão sua determinação. Através da autodescoberta, o gnóstico aprende a reconhecer e a enfrentar esses desafios, pois ele passa a compreender suas próprias forças e fraquezas. Esse conhecimento de si mesmo confere uma coragem interior, uma resiliência que o prepara para a jornada de retorno ao divino. A autodescoberta é, portanto, uma fonte de poder e de preparação, que torna o gnóstico capaz de enfrentar as provações com confiança e propósito.

A prática da autodescoberta revela ao gnóstico que a salvação é uma jornada que começa dentro de si mesmo. Jesus ensina a Judas que o conhecimento verdadeiro não é algo que se busca fora, mas algo que se encontra ao desvendar o próprio ser. Esse conhecimento interior é o que leva a alma a superar a ignorância e a se libertar das amarras materiais. A autodescoberta é, então, o primeiro passo para a libertação, o ponto de partida para a jornada de retorno ao Deus Supremo. No Evangelho de Judas, a autodescoberta é retratada como um processo de desvelamento, onde cada camada de ilusão é removida, permitindo que a luz da verdade brilhe cada vez mais intensamente na consciência do gnóstico.

Ao fim dessa jornada de autodescoberta, o gnóstico experimenta uma transformação profunda, onde ele se reconhece como uma extensão do divino e percebe o mundo material como uma ilusão transitória. Esse estado de consciência o aproxima do Deus Supremo e o fortalece contra as influências do Demiurgo e dos Arcontes. A autodescoberta, então, é o caminho para a verdade, uma jornada de iluminação onde o gnóstico se liberta das ilusões e descobre sua essência eterna. Jesus, ao revelar essa verdade a Judas, convida todos os buscadores a embarcarem nessa jornada, mostrando que o conhecimento verdadeiro, a gnose, é alcançado ao explorar a própria alma e ao descobrir a luz que sempre esteve presente, esperando ser desvelada.

Capítulo 20
Dualidade da Existência

A dualidade é um conceito central no gnosticismo e no Evangelho de Judas, representando a coexistência de forças opostas que governam o universo e o destino da alma humana. Jesus revela a Judas que a existência é marcada por uma divisão fundamental: luz e escuridão, espírito e matéria, Deus Supremo e Demiurgo. Esse dualismo permeia toda a criação, influenciando tanto o cosmos quanto o próprio ser humano, que carrega em si uma essência espiritual divina aprisionada na matéria. A compreensão dessa dualidade é fundamental para o gnóstico, pois somente ao reconhecer essas forças e entender sua interação, ele pode iniciar sua jornada de libertação e retorno ao pleroma, o reino de luz do Deus Supremo.

A visão gnóstica apresenta o universo como um cenário de conflito entre a luz eterna do Deus Supremo e as trevas impostas pelo Demiurgo. O Deus Supremo é a fonte de toda bondade, verdade e sabedoria, habitando um plano elevado de existência onde não há sofrimento ou limitação. Esse reino, conhecido como pleroma, é o destino final da alma que busca a iluminação e a liberdade. No entanto, fora desse domínio de perfeição, o Demiurgo criou o mundo material — uma realidade distorcida, limitada e repleta de ilusões. Essa criação imperfeita é um reflexo de sua própria ignorância e arrogância, pois o Demiurgo acredita ser o único deus e governa o universo físico com o apoio dos Arcontes, seres que promovem a cegueira espiritual e o apego à matéria.

Jesus explica a Judas que o ser humano é uma expressão viva dessa dualidade, pois ele carrega dentro de si tanto a luz quanto a sombra. A essência espiritual de cada pessoa, ou pneuma, é uma centelha do Deus Supremo, uma partícula de luz aprisionada no corpo material criado pelo Demiurgo. Esse corpo é governado por instintos e desejos que mantêm a alma voltada para o mundo físico, desviando-a de sua verdadeira natureza divina. A jornada gnóstica, portanto, é uma luta constante entre esses dois aspectos: o desejo da alma de retornar ao pleroma e as forças da matéria que tentam mantê-la cativa. Jesus ensina a Judas que, ao compreender essa dualidade, o gnóstico pode aprender a distinguir entre o que é eterno e o que é passageiro, fortalecendo sua conexão com a luz e enfraquecendo o poder das trevas.

Para o gnóstico, o reconhecimento dessa dualidade é o primeiro passo para a liberdade espiritual. Ao perceber que sua verdadeira identidade está além do corpo e do ego, ele começa a desapegar-se das ilusões materiais e a buscar o conhecimento que o aproximará de sua essência divina. No entanto, essa jornada é desafiadora, pois a matéria exerce uma atração constante sobre a alma, apelando para os sentidos, os desejos e as emoções. Jesus ensina a Judas que essa atração é o principal instrumento dos Arcontes, que manipulam o ser humano para que ele se identifique com o mundo físico e ignore sua natureza espiritual. Ao entender a dualidade da existência, o gnóstico começa a ver o mundo como uma ilusão e a desenvolver uma visão interior que transcende as aparências.

A dualidade também se manifesta nas experiências cotidianas de alegria e sofrimento, amor e ódio, esperança e desespero. Jesus explica que esses estados opostos fazem parte da condição humana, pois o mundo material é intrinsecamente imperfeito e incapaz de proporcionar uma felicidade duradoura. A compreensão gnóstica ensina que as experiências de dor e prazer são transitórias e que o verdadeiro contentamento só pode ser encontrado no reino do Deus Supremo. O gnóstico, ao compreender essa verdade, aprende a desapegar-se das oscilações emocionais e a buscar uma paz interna que não depende das circunstâncias externas. Essa paz é uma prévia do estado de união com o pleroma, onde a dualidade é superada e a alma experimenta uma plenitude eterna.

No gnosticismo, a superação da dualidade é um objetivo central. O gnóstico entende que, embora viva no mundo material, sua verdadeira essência pertence ao reino da luz. Essa consciência permite que ele viva de maneira equilibrada, sem se deixar envolver pelos dramas e ilusões da existência terrena. Jesus ensina a Judas que a dualidade da existência não precisa ser um obstáculo, mas pode ser uma oportunidade de aprendizado e fortalecimento. A alma, ao experimentar a matéria e superar suas limitações, desenvolve uma compreensão mais profunda da natureza divina e se prepara para retornar ao pleroma. Esse processo de superação da dualidade é o que permite que a alma recupere sua pureza original e se reintegre ao Deus Supremo.

O caminho da libertação gnóstica é, portanto, um caminho de integração entre os opostos. O gnóstico não rejeita o mundo material completamente, mas o utiliza como um meio para alcançar a iluminação. Jesus revela a Judas que, ao aceitar a dualidade e ao utilizá-la como uma ferramenta de autoconhecimento, a alma pode encontrar sua liberdade. Isso envolve um processo de reconciliação entre o corpo e o espírito, onde o gnóstico aprende a utilizar o corpo sem se identificar com ele, a apreciar o mundo sem se apegar a ele. Esse estado de integração é um dos objetivos da prática gnóstica, pois permite que o buscador viva em paz no mundo material enquanto se prepara para sua jornada de retorno ao pleroma.

A dualidade da existência também influencia a maneira como o gnóstico percebe a morte e o renascimento. Na visão gnóstica, a morte do corpo não é um fim, mas uma transição que permite que a alma escape das limitações materiais e se aproxime do Deus Supremo. Jesus ensina a Judas que, ao romper com o apego ao mundo físico, a alma pode escapar do ciclo de nascimento e morte e encontrar a paz eterna no pleroma. A morte, então, é vista como uma libertação, uma oportunidade para que a alma se reconecte com sua essência divina. Esse entendimento transforma a perspectiva do gnóstico sobre a vida e a morte, permitindo que ele viva com coragem e propósito, sabendo que sua verdadeira vida é eterna e que sua existência no mundo material é apenas uma passagem temporária.

No Evangelho de Judas, a dualidade da existência é também uma metáfora para a jornada espiritual. A alma, ao perceber a existência dessas forças opostas, começa a entender seu papel como uma buscadora de equilíbrio e de verdade. O gnóstico, ao compreender a dualidade, aprende a navegar pelo mundo sem se deixar levar pelas suas ilusões, mantendo-se centrado na busca pela iluminação. Jesus ensina que essa compreensão é um ato de coragem, pois ela exige que o buscador desafie as normas e as crenças impostas pelo Demiurgo e pelos Arcontes. Esse desafio é, ao mesmo tempo, uma prova de fé e um ato de liberdade, pois ele permite que a alma se afaste das trevas e se aproxime cada vez mais da luz.

A superação da dualidade é, então, um processo de transformação interior. Ao longo de sua jornada, o gnóstico aprende a transcender as limitações impostas pela matéria e a viver em harmonia com sua natureza espiritual. Esse estado de transcendência é o que o prepara para a reintegração com o Deus Supremo, pois ele se torna imune às influências do Demiurgo e dos Arcontes. A dualidade deixa de ser uma fonte de conflito e se transforma em uma fonte de sabedoria, onde o gnóstico aprende a ver o mundo de uma perspectiva mais ampla, onde tudo se revela como parte do caminho de volta ao pleroma.

Em última análise, a dualidade da existência é uma realidade que o gnóstico deve aceitar, mas não submeter-se. Jesus ensina a Judas que a aceitação da dualidade é o primeiro passo para transcendê-la, pois o gnóstico não pode alcançar o Deus Supremo enquanto estiver preso a um dos extremos. O caminho da iluminação é um caminho de equilíbrio, onde o buscador aprende a reconhecer e integrar as forças opostas em si mesmo, até alcançar um estado de unidade. Esse estado é o objetivo final da jornada gnóstica, um estado de paz e de união com o divino onde a dualidade é superada e a alma encontra seu verdadeiro lar no pleroma, junto ao Deus Supremo.

Capítulo 21
Rejeição das Estruturas Materiais

Para o gnosticismo, a rejeição das estruturas materiais não é uma negação absoluta do mundo físico, mas uma compreensão profunda de suas limitações e de seu propósito como prisão para a alma. No Evangelho de Judas, Jesus explica a Judas que o mundo material é uma criação do Demiurgo, uma entidade cega e imperfeita que construiu essa realidade com o objetivo de aprisionar as almas e mantê-las afastadas do Deus Supremo. As estruturas materiais, sejam elas sociais, políticas, religiosas ou econômicas, servem como instrumentos do Demiurgo para perpetuar a ignorância e o apego ao mundo físico. Para o gnóstico, rejeitar essas estruturas é um ato de libertação, um rompimento com as forças que mantêm a alma cativa e a impedem de alcançar a verdadeira iluminação.

O Demiurgo, segundo a visão gnóstica, não apenas criou o mundo físico, mas também estabeleceu uma ordem que reforça a ideia de que a matéria é a única realidade. Essa ordem se manifesta nas instituições e nas normas que governam a sociedade, promovendo valores e comportamentos que alimentam o apego ao mundo material e desencorajam a busca espiritual. Jesus ensina a Judas que essas estruturas sociais e culturais são ilusões projetadas para desviar as almas de seu verdadeiro propósito. Elas mantêm os indivíduos presos a uma existência focada no acúmulo de riquezas, no poder, na vaidade e no status — valores que afastam a alma de sua essência divina e a mantêm focada nas aparências. A rejeição dessas estruturas é, então, um passo crucial para o gnóstico, pois ela permite que a alma se liberte da ilusão e se aproxime da verdade.

No caminho gnóstico, essa rejeição é vista como um processo de desapego. O gnóstico entende que o mundo material é transitório e que tudo o que pertence a ele é passageiro e imperfeito. Assim, ele começa a desapegar-se das posses e dos prazeres efêmeros, buscando em vez disso uma conexão mais profunda com o espiritual. Jesus explica a Judas que esse desapego não é uma forma de ascetismo extremo, mas um redirecionamento da atenção e da energia para o que é eterno. O gnóstico, ao rejeitar as estruturas materiais, não está negando a vida, mas escolhendo viver de maneira consciente e em harmonia com sua essência divina. Esse desapego é o que permite que o gnóstico encontre paz interior, pois ele deixa de buscar validação e segurança no mundo exterior e se volta para o Deus Supremo.

As estruturas materiais, segundo Jesus, não são apenas físicas, mas também psicológicas. O Demiurgo criou um sistema de crenças que reforça a submissão e o conformismo, fazendo com que as pessoas aceitem passivamente as regras e as normas impostas. Esse sistema psicológico é um dos instrumentos mais poderosos dos Arcontes, que utilizam as crenças limitantes para manter a alma em um estado de ignorância e obediência. O gnóstico, ao rejeitar essas crenças, assume a responsabilidade por seu próprio desenvolvimento espiritual, recusando-se a aceitar verdades impostas e buscando a verdade por si mesmo. Essa liberdade de pensamento é uma característica essencial do caminho gnóstico, pois permite que o buscador escape da influência do Demiurgo e dos Arcontes.

A rejeição das estruturas materiais também implica uma crítica ao poder e à autoridade, que são ferramentas utilizadas pelo Demiurgo para manter o controle sobre o mundo. Jesus ensina a Judas que a verdadeira autoridade não vem de instituições ou líderes terrenos, mas do conhecimento interior e da conexão com o Deus Supremo. O gnóstico, ao rejeitar as formas externas de autoridade, assume o controle de sua própria jornada espiritual, reconhecendo que nenhuma instituição humana pode conduzi-lo ao conhecimento verdadeiro. Esse ato de rejeição é, portanto, uma afirmação de autonomia espiritual, uma declaração de que a alma é livre e que sua relação com o divino não depende de mediadores ou rituais externos.

Essa postura de rejeição também se estende às práticas e rituais religiosos que foram corrompidos pelo Demiurgo para manter as almas cativas. Jesus revela a Judas que os rituais realizados sem entendimento profundo são vazios e incapazes de trazer a verdadeira conexão com o divino. Em vez disso, eles reforçam a ilusão e prendem as pessoas a uma prática exterior que não tem efeito sobre a transformação interior. Para o gnóstico, a verdadeira prática espiritual é um processo de autoconhecimento e de iluminação que ocorre internamente, sem a necessidade de rituais externos. A rejeição dessas práticas é um passo fundamental para o gnóstico, pois ela o liberta das correntes invisíveis que o mantêm em um ciclo de dependência e de obediência às estruturas religiosas convencionais.

No Evangelho de Judas, a rejeição das estruturas materiais também é apresentada como uma forma de resistência espiritual. Jesus explica que, ao negar o poder das ilusões materiais, o gnóstico desafia o domínio do Demiurgo e abre caminho para a verdade. Esse ato de resistência não é agressivo, mas é uma recusa firme de aceitar o mundo físico como a única realidade. A resistência gnóstica é uma prática de silêncio e de desapego, onde o buscador se retira mentalmente do mundo, mesmo enquanto vive nele, e mantém sua atenção voltada para o divino. Essa prática de resistência fortalece a alma e a prepara para o retorno ao pleroma, onde ela encontrará a paz e a liberdade que o mundo material jamais poderá oferecer.

Além disso, a rejeição das estruturas materiais permite que o gnóstico encontre sua verdadeira identidade, que está além das definições impostas pelo mundo. O Demiurgo e os Arcontes criam um sistema de valores que define o sucesso, a beleza, o poder e a felicidade de acordo com padrões limitados e superficiais. O gnóstico, ao rejeitar esses valores, começa a descobrir sua essência autêntica, que não depende de validação externa. Jesus ensina a Judas que a verdadeira felicidade vem da realização espiritual, e não da conformidade com as expectativas sociais. Essa rejeição das estruturas materiais é, portanto, um retorno à autenticidade, uma libertação das máscaras e dos papéis que a sociedade impõe, permitindo que a alma brilhe em sua verdade.

Esse rompimento com as estruturas materiais também envolve a busca por uma vida simples e alinhada com os valores espirituais. O gnóstico, ao entender que o acúmulo de bens e a busca incessante por prazeres efêmeros são armadilhas do Demiurgo, escolhe viver de forma desapegada e consciente. Jesus revela que essa simplicidade não é uma negação dos prazeres da vida, mas uma forma de vivê-los sem apego, mantendo o foco no que é eterno. A vida simples do gnóstico é um reflexo de sua liberdade interior, pois ele não depende das posses ou do status para encontrar sentido e propósito. Esse estilo de vida é uma expressão de sua rejeição ao poder das estruturas materiais e de sua escolha de viver em harmonia com sua verdadeira natureza.

A rejeição das estruturas materiais é, então, uma prática de reconexão com o divino. Jesus explica que, ao abandonar o apego ao mundo físico, o gnóstico se torna receptivo à luz do pleroma, abrindo espaço para que o Deus Supremo se manifeste em sua vida. Esse processo de desapego é o que permite que a alma retorne à sua pureza original, livre das influências e dos apegos que o mundo material impõe. O gnóstico, ao se libertar das ilusões materiais, encontra uma paz que o mundo não pode oferecer, uma paz que vem da certeza de sua própria divindade e de sua conexão com o Deus Supremo.

No Evangelho de Judas, a rejeição das estruturas materiais é, portanto, mais do que uma atitude; é uma escolha de vida, uma decisão de viver para o eterno e não para o efêmero. Essa rejeição é o que permite ao gnóstico superar as limitações impostas pelo Demiurgo e avançar em sua jornada espiritual. Ao rejeitar as ilusões e ao abraçar a verdade, o gnóstico se torna um símbolo de liberdade, um exemplo de que a alma é soberana e que sua verdadeira casa é o pleroma. Jesus, ao ensinar essa verdade a Judas, revela o caminho para a libertação, mostrando que o desapego é o caminho para a paz e para a união com o Deus Supremo, onde não há mais divisões, ilusão ou sofrimento.

Capítulo 22
A Ascensão Espiritual

No gnosticismo, a ascensão espiritual é uma jornada pela qual a alma busca retornar ao seu estado original de pureza e unidade com o Deus Supremo. No Evangelho de Judas, Jesus revela a Judas os mistérios da ascensão, descrevendo-a como uma libertação progressiva das amarras do mundo material e das forças que nele residem, especialmente do Demiurgo e dos Arcontes, os guardiões do cosmos físico. Essa ascensão não é um movimento físico, mas uma elevação da consciência, onde a alma gradualmente supera as influências ilusórias da matéria e se aproxima do pleroma, o reino de luz e verdade eterna onde o Deus Supremo habita.

A jornada de ascensão espiritual exige, antes de tudo, o despertar para a própria natureza divina. Jesus ensina a Judas que a alma humana possui uma centelha do divino, uma partícula do Deus Supremo aprisionada no corpo material. Esse despertar é a primeira etapa da ascensão, pois permite que o gnóstico reconheça que sua essência é imortal e está além das limitações impostas pelo corpo e pelo ego. No entanto, esse despertar inicial precisa ser fortalecido e ampliado através de práticas espirituais que conduzam à libertação completa. A ascensão, então, é um processo contínuo, onde a alma se purifica e se eleva, movendo-se através das camadas de ilusão até alcançar a verdadeira luz.

Os Eons, que são as emanações do Deus Supremo, desempenham um papel central na ascensão espiritual do gnóstico. Esses seres de luz representam as qualidades e as virtudes divinas, como sabedoria, amor e compaixão, que sustentam o pleroma e refletem a perfeição do Deus Supremo.

Jesus ensina que, ao conectar-se com esses Eons, o gnóstico absorve suas qualidades, permitindo que sua própria luz interior cresça e o impulsione para mais perto do reino divino. Esse processo de comunhão com os Eons é alcançado através da meditação, da contemplação e da prática de virtudes que refletem a natureza do pleroma. Ao buscar essa conexão, o gnóstico abre sua alma para receber a orientação e o suporte dos Eons, que o ajudam a superar as limitações impostas pelo Demiurgo e a avançar em sua jornada de ascensão.

A jornada de ascensão também envolve a superação das tentações e dos apegos que mantêm a alma ligada ao mundo material. Jesus explica a Judas que os Arcontes, agentes do Demiurgo, criam distrações e desejos para desviar a alma de sua verdadeira missão. Esses seres manipulam o medo, a vaidade e o desejo, usando-os como ferramentas para prender a alma nas correntes da matéria. No entanto, ao praticar o desapego e a vigilância, o gnóstico desenvolve uma resistência a essas influências, aprendendo a ver além das ilusões e a manter seu foco na luz divina. A superação dessas tentações é um teste constante no caminho da ascensão, pois cada desafio vencido fortalece a alma e a prepara para etapas mais elevadas de compreensão e de liberdade.

A ascensão espiritual também exige que o gnóstico cultive um entendimento profundo de si mesmo e de sua relação com o cosmos. Jesus ensina que a alma é um microcosmo do universo, carregando em si todas as energias e qualidades que existem no pleroma. Ao explorar e conhecer sua própria essência, o gnóstico se aproxima da verdade do cosmos e do Deus Supremo. Esse autoconhecimento é uma etapa fundamental na ascensão, pois permite que a alma identifique e transcenda as ilusões que a mantêm prisioneira. O processo de ascensão é, portanto, uma jornada interior, onde o gnóstico aprende a harmonizar-se com o divino que já habita em seu ser, rompendo com as limitações impostas pelo ego e alcançando a paz e a iluminação.

No Evangelho de Judas, Jesus revela a importância do desapego como condição essencial para a ascensão. Ele explica que a alma não pode ascender enquanto estiver presa aos desejos e aos medos relacionados ao corpo físico. O desapego, então, é um exercício de libertação, onde o gnóstico aprende a viver no mundo sem ser governado por ele, apreciando suas experiências sem se identificar com elas. Esse estado de desapego é o que permite que a alma se mova livremente em direção ao pleroma, pois ela não carrega o peso das ilusões materiais. Ao desenvolver o desapego, o gnóstico se torna um viajante leve, capaz de transcender o mundo físico e de se elevar cada vez mais em direção ao Deus Supremo.

A ascensão espiritual é também uma jornada de reconciliação entre a alma e o espírito. Jesus ensina a Judas que o mundo material foi criado pelo Demiurgo, mas que a alma possui uma essência imortal, oriunda do pleroma, que está em constante conflito com a matéria. Essa dualidade entre o espírito e a carne é uma barreira à ascensão, pois mantém a alma dividida entre seu desejo de retornar ao pleroma e as necessidades impostas pelo corpo. A reconciliação desses aspectos ocorre quando o gnóstico aprende a ver o corpo como um veículo temporário, necessário para sua experiência terrena, mas não como sua verdadeira identidade. Ao superar essa dualidade, o gnóstico se alinha com sua essência espiritual, permitindo que a luz do pleroma guie seus pensamentos e ações.

No caminho da ascensão, o gnóstico também aprende a reconhecer o valor das provações e dos desafios que enfrenta. Jesus explica que as dificuldades e as tentações são oportunidades para que a alma se fortaleça e prove seu compromisso com a verdade. Cada provação superada aproxima a alma do pleroma, pois ela se torna mais pura e mais determinada a seguir o caminho do conhecimento. Essa visão transforma a perspectiva do gnóstico sobre o sofrimento, que deixa de ser visto como um castigo ou um obstáculo e passa a ser compreendido como um passo necessário na jornada de ascensão. A alma, ao vencer esses desafios, se torna mais resistente e mais iluminada, avançando com segurança em direção ao Deus Supremo.

A prática da oração e da contemplação também é central na ascensão espiritual do gnóstico. Jesus ensina a Judas que a oração verdadeira não é uma súplica, mas uma conexão direta com o divino. Através da oração, o gnóstico se comunica com o Deus Supremo e com os Eons, pedindo orientação e fortalecimento para sua jornada. A contemplação, por sua vez, permite que o gnóstico mantenha seu foco na luz e se purifique das influências negativas. Ambas as práticas são formas de fortalecer a alma e de alinhar-se com o pleroma, mantendo a consciência elevada e o espírito em harmonia com o divino. Essas práticas reforçam a determinação do gnóstico, permitindo que ele avance na ascensão sem desviar-se do caminho.

A ascensão espiritual, no gnosticismo, culmina na reintegração com o Deus Supremo. Jesus revela que o destino final da alma é o retorno ao pleroma, onde ela se unirá à luz eterna e experimentará a paz perfeita. Essa reintegração é o fim da jornada de ascensão, onde a alma alcança a verdade última e se liberta de todas as limitações impostas pelo mundo material. No pleroma, a alma encontra sua verdadeira essência e se dissolve na unidade divina, onde não há mais separação, dor ou ilusão. Esse estado de união é o objetivo final do gnóstico, a meta que ele busca ao longo de sua jornada de autoconhecimento e de libertação.

A ascensão espiritual, portanto, é mais do que um conceito; é uma prática de vida, um processo de transformação que conduz a alma da ignorância à iluminação. Ao longo desse caminho, o gnóstico aprende a transcender as ilusões materiais, a fortalecer sua conexão com os Eons e a viver em harmonia com o Deus Supremo. Jesus ensina que essa ascensão é possível para todos aqueles que buscam a verdade com sinceridade e que estão dispostos a romper com as amarras do mundo físico. O Evangelho de Judas oferece, assim, uma visão inspiradora do potencial humano, mostrando que a alma, apesar de aprisionada pelo Demiurgo, possui em si a capacidade de elevar-se e de retornar ao pleroma, onde encontrará a paz e a plenitude eternas.

Capítulo 23
A Profecia de Judas

Dentro da tradição gnóstica revelada no Evangelho de Judas, o conceito de profecia assume uma dimensão profunda e enigmática, transcendente dos eventos imediatos do mundo físico e envolvendo visões sobre o destino espiritual da humanidade. Jesus compartilha com Judas uma visão profética do papel que ele desempenhará e do impacto duradouro de sua jornada. Diferente das profecias convencionais, que se concentram em previsões específicas ou em eventos futuros, as profecias no gnosticismo servem como guias para a alma, despertando o entendimento da verdade oculta e revelando o caminho para a libertação espiritual.

Jesus revela a Judas que sua participação na jornada terrena de Cristo não é um erro ou um ato de traição, como é frequentemente interpretado nas tradições religiosas convencionais, mas sim um papel intencionalmente designado no processo de revelação da verdade espiritual. Essa profecia sobre Judas, e o papel que ele desempenha na história, carrega uma mensagem enigmática e de grande relevância para o entendimento gnóstico. Ao contrário de uma condenação, a profecia revela Judas como o confidente e discípulo escolhido para compreender as revelações mais profundas de Jesus, o único que, segundo Jesus, está preparado para receber verdades que os demais discípulos ainda não podem entender.

Nessa profecia, Jesus explica a Judas que a aparente traição é um ato necessário para cumprir um propósito espiritual maior. Ao entregá-lo, Judas age como um catalisador, possibilitando a libertação de Jesus do mundo material e permitindo que sua essência espiritual retorne ao pleroma. Essa interpretação desafia o conceito comum de traição e questiona a visão tradicional de culpa, sugerindo que os eventos materiais são apenas parte de uma realidade muito mais ampla e que há um propósito oculto em ações que, à primeira vista, parecem contraditórias. Através dessa profecia, o gnosticismo propõe uma perspectiva mais profunda e complexa, onde o significado verdadeiro das ações transcende o julgamento moral e se insere em uma ordem espiritual que vai além das aparências.

A profecia também expõe o destino dos outros discípulos, que, ao contrário de Judas, permanecem atrelados à compreensão limitada e material da missão de Jesus. Jesus compartilha com Judas a visão de que os demais discípulos, embora sinceros em sua devoção, ainda não compreendem a natureza espiritual e simbólica de seus ensinamentos. Ao interpretar suas palavras e ações literalmente, eles acabam contribuindo para a criação de uma religião institucionalizada e materializada, onde a mensagem espiritual profunda é distorcida e usada como ferramenta de controle. Essa profecia sobre o destino dos discípulos mostra que a mensagem de Jesus seria corrompida ao longo dos séculos, com as instituições religiosas adaptando seus ensinamentos a dogmas e regras que pouco refletem a essência da verdade gnóstica.

Para Judas, essa revelação é tanto um fardo quanto uma honra. Ele entende que sua missão o tornará incompreendido e até mesmo odiado, mas Jesus assegura que essa é uma parte fundamental de seu destino e que, no final, ele será recompensado com a visão completa do pleroma. Judas, ao aceitar seu papel profético, demonstra um compromisso com a verdade que transcende sua própria segurança e reputação. Essa aceitação é um ato de coragem e de fé, pois ele entende que sua escolha o coloca em conflito com os valores do mundo material e o torna um instrumento da revelação divina. A profecia, então, não apenas prediz eventos, mas prepara Judas para sua jornada, permitindo que ele enfrente seu destino com uma compreensão profunda e espiritual.

Jesus também revela a Judas que sua jornada e seu papel profético refletem um caminho que cada alma deve percorrer em sua própria busca por libertação. No gnosticismo, as profecias não são apenas visões do futuro, mas instruções espirituais que orientam o buscador em sua jornada de autoconhecimento. A profecia de Judas, assim, serve como um modelo para todos aqueles que, na busca pela verdade, devem abandonar as convenções e enfrentar as consequências de se afastar das expectativas sociais. A profecia ensina que a verdadeira libertação envolve uma ruptura com o mundo material, um desafio às estruturas que aprisionam a alma e um compromisso com a verdade, independentemente das dificuldades que isso possa trazer.

Além de seu próprio destino, Judas também recebe visões proféticas sobre o futuro da humanidade. Jesus revela que, com o passar dos séculos, muitos se desviarão da verdade espiritual, presos nas ilusões criadas pelo Demiurgo e manipulados pelas instituições religiosas que dominam o mundo. Ele prevê que a mensagem de iluminação e de liberdade será obscurecida por dogmas e rituais que perpetuam a submissão e a ignorância. No entanto, Jesus também profetiza que, mesmo em meio a essa escuridão, a luz da verdade não será completamente extinta. Haverá sempre aqueles que buscarão a gnose, que rejeitarão as ilusões do mundo material e que, como Judas, seguirão o caminho da iluminação e da liberdade.

Essa profecia sobre o futuro da humanidade é uma advertência e, ao mesmo tempo, uma promessa. Ela adverte que o caminho da verdade é árduo e que muitos sucumbirão às tentações do poder e do conforto material. Mas também promete que a gnose permanecerá acessível para aqueles que têm a coragem de questionar e a determinação de buscar a verdade por si mesmos. A profecia inspira o gnóstico a perseverar em sua jornada, lembrando-o de que, por mais que as forças do Demiurgo tentem obscurecer a luz, ela nunca será totalmente apagada. A verdade existe além das ilusões, esperando para ser descoberta por aqueles que estão dispostos a atravessar o caminho estreito e desafiador que leva ao pleroma.

A profecia de Judas também ressalta o papel da humanidade no processo de despertar coletivo. Jesus explica que, embora a ascensão espiritual seja uma jornada individual, cada alma que desperta contribui para o despertar de outras, criando uma onda de luz que enfraquece o poder do Demiurgo sobre o mundo. A profecia sugere que, no tempo certo, um número suficiente de almas despertará e, juntas, iniciarão uma transformação que desafiará as fundações do cosmos material. Essa visão é uma promessa de que o domínio do Demiurgo não é eterno e de que, eventualmente, a verdade triunfará sobre a ilusão. Para o gnóstico, essa é uma visão de esperança e de propósito, uma lembrança de que cada ato de busca pela verdade e de superação das ilusões contribui para a libertação de todos.

No Evangelho de Judas, essa profecia é transmitida como um chamado para que cada buscador se aprofunde em sua própria jornada espiritual. Ela mostra que o caminho da gnose não é fácil e que, como Judas, cada gnóstico pode ser incompreendido e até mesmo rejeitado pela sociedade. No entanto, a profecia também garante que a recompensa por essa busca é incomparável, pois ela conduz à união com o Deus Supremo e à libertação de todas as amarras. Essa visão final é uma promessa de paz e de unidade, onde a alma encontra sua verdadeira casa e onde não há mais dor ou separação, apenas a luz eterna do pleroma.

Assim, a profecia de Judas é uma mensagem complexa e multifacetada, onde passado, presente e futuro se entrelaçam para revelar a jornada de cada alma em busca da verdade. Ela é uma promessa de que a iluminação é possível para aqueles que, como Judas, têm a coragem de buscar o conhecimento e de desafiar as ilusões impostas pelo Demiurgo. A profecia é, então, um mapa espiritual, uma visão de um futuro onde a verdade triunfa e onde a humanidade, finalmente liberta, retorna ao pleroma para se unir ao Deus Supremo. Jesus, ao compartilhar essa visão com Judas, não apenas prediz eventos, mas inspira e capacita o gnóstico a seguir em sua jornada com fé, coragem e determinação, sabendo que, por mais difícil que seja o caminho, ele leva à paz e à plenitude eternas no reino divino.

Capítulo 24
A Visão Gnóstica do Mal

No coração da filosofia gnóstica, o conceito de mal é entendido não apenas como a presença de atos ou intenções perversas, mas como um estado de ignorância e cegueira espiritual. No Evangelho de Judas, Jesus revela a Judas uma compreensão do mal que transcende a moralidade simples e desafia as concepções tradicionais sobre o bem e o mal. Para os gnósticos, o mal não é apenas o que causa dor ou sofrimento no mundo, mas uma força que mantém a alma aprisionada na ilusão e na ignorância, afastando-a do conhecimento verdadeiro e do Deus Supremo. A visão gnóstica do mal é complexa, pois ela vai além das ações humanas e examina a própria estrutura do universo material, governado pelo Demiurgo e pelos Arcontes, como uma expressão dessa força de cegueira e aprisionamento.

Segundo os ensinamentos de Jesus a Judas, o mal se origina da criação imperfeita do Demiurgo. Ao criar o mundo material, o Demiurgo agiu a partir de uma ignorância fundamental da verdadeira natureza divina. Convencido de sua própria supremacia e cego à existência do Deus Supremo, o Demiurgo moldou uma realidade onde a alma é constantemente desviada de sua verdadeira essência e onde a verdade é obscurecida por camadas de ilusão. Para o gnóstico, essa criação imperfeita é a raiz do mal, pois ela aprisiona a alma e a impede de realizar seu potencial divino. O mal, então, não é um poder absoluto, mas uma condição de limitação e distorção que a alma deve superar em sua jornada de ascensão.

Os Arcontes, servos do Demiurgo, desempenham um papel central na perpetuação do mal, pois eles são os guardiões da ignorância e do apego ao mundo material. Eles manipulam as emoções e os desejos humanos, utilizando a vaidade, a cobiça, o medo e o orgulho para manter a alma cativa. Para os gnósticos, esses vícios e paixões não são apenas fraquezas humanas, mas influências diretas dos Arcontes, que reforçam a cegueira espiritual e desviam a atenção da alma da busca pela verdade. Jesus explica a Judas que os Arcontes mantêm o controle sobre o mundo através dessas emoções e desejos, criando um ambiente onde o indivíduo se perde em ilusões de poder, status e prazer, esquecendo-se de sua natureza divina e de seu propósito espiritual.

Ao contrário das visões tradicionais, que retratam o mal como uma entidade externa e autônoma, o gnosticismo vê o mal como um estado de separação do divino. Jesus ensina a Judas que a alma, ao se identificar com o mundo material, entra em um estado de alienação, onde ela perde contato com o Deus Supremo e passa a viver na ignorância. Esse estado de separação é o que caracteriza o mal no gnosticismo, pois ele priva a alma de sua luz interior e a condena a uma existência de sofrimento e de insatisfação. A verdadeira luta contra o mal, então, não é uma batalha contra forças externas, mas uma busca por conhecimento e por autodescoberta, onde o gnóstico procura reintegrar-se ao divino e superar as ilusões da matéria.

O mal, na visão gnóstica, está também relacionado ao conceito de ilusão. A matéria e o corpo são considerados prisões para a alma, e a identificação com eles é vista como uma forma de cegueira espiritual. Jesus explica que o mundo material é uma criação distorcida, onde a verdadeira essência do ser humano é obscurecida por ilusões de separação e individualidade. O gnóstico, ao perceber essa ilusão, entende que o mal não é inerente à criação, mas resulta da ignorância que governa o universo físico. A busca pela gnose, ou conhecimento verdadeiro, é a busca por transcender essa ilusão, rompendo com a identificação com o corpo e com o ego e descobrindo a unidade com o Deus Supremo.

Para o gnosticismo, o mal também se manifesta nas estruturas e instituições do mundo. Jesus ensina a Judas que as normas, as leis e os sistemas de poder são, muitas vezes, ferramentas dos Arcontes, criadas para reforçar a ignorância e a submissão ao Demiurgo. Essas estruturas impõem valores e crenças que desviam a alma de sua busca pela verdade, incentivando o conformismo e desencorajando a exploração espiritual. A luta contra o mal, então, é também uma luta contra essas estruturas, onde o gnóstico se recusa a aceitar as verdades impostas e escolhe buscar o conhecimento por si mesmo. Esse ato de rebeldia é uma afirmação de autonomia espiritual, onde o gnóstico rejeita as ilusões do mundo e se volta para a luz do pleroma.

A compreensão gnóstica do mal é inseparável da prática do autoconhecimento e do discernimento. Jesus revela a Judas que a alma só pode escapar da influência do mal ao desenvolver uma visão clara e desapegada do mundo. Esse discernimento é o que permite ao gnóstico identificar as influências dos Arcontes e reconhecer as ilusões do mundo material. Com o conhecimento verdadeiro, o gnóstico vê além das aparências e percebe que o mal não possui uma realidade própria, mas existe como uma sombra que se dissolve à medida que a luz do entendimento se expande. A luta contra o mal é, portanto, uma jornada de iluminação, onde o gnóstico desperta para sua própria essência e se liberta das forças que tentam mantê-lo na ignorância.

O mal, então, é visto como uma condição de aprisionamento espiritual, onde a alma está separada de sua origem divina e vive em um estado de ignorância e sofrimento. No Evangelho de Judas, Jesus ensina que essa separação é temporária e que cada alma possui o potencial de superar o mal através do conhecimento e da autodescoberta. A jornada gnóstica é, em sua essência, uma jornada de superação do mal, onde o indivíduo se liberta das influências materiais e se aproxima do Deus Supremo. Ao alcançar essa iluminação, o gnóstico experimenta um estado de paz e de liberdade que transcende o mal, pois ele se reconecta com a verdade e a perfeição que existem no pleroma.

Além de ser uma força de ignorância e cegueira, o mal também é entendido como uma experiência de aprendizado para a alma. Jesus explica a Judas que o sofrimento e as provações do mundo material têm o propósito de despertar a alma para sua verdadeira natureza. A dor e a dificuldade são catalisadores que incentivam o gnóstico a questionar as ilusões e a buscar a verdade. Embora o mal seja uma condição de separação, ele também oferece uma oportunidade para que a alma se fortaleça e desenvolva o discernimento. Esse entendimento transforma a visão gnóstica sobre o mal, que deixa de ser visto como um obstáculo absoluto e passa a ser compreendido como parte de um processo de crescimento e de ascensão.

A visão gnóstica do mal, portanto, é complexa e profunda, pois ela reconhece o mal como uma condição temporária que pode ser superada através do conhecimento e da iluminação. Jesus, ao ensinar Judas sobre essa realidade, oferece uma perspectiva de esperança e de liberdade, mostrando que o mal não possui poder sobre aqueles que buscam a verdade. A verdadeira luta contra o mal não é uma batalha violenta, mas uma jornada de autoconhecimento e de despertar espiritual, onde o gnóstico se liberta das ilusões e descobre sua própria essência divina.

Ao final da jornada, o mal é dissolvido pela luz do conhecimento, e a alma, finalmente livre, retorna ao pleroma para se unir ao Deus Supremo. Essa visão final oferece ao gnóstico uma compreensão do mal como uma condição passageira, que perde seu poder à medida que a verdade é revelada. O Evangelho de Judas, ao expor essa visão do mal, revela o caminho para a libertação e para a paz eterna, onde a alma encontra seu verdadeiro lar e sua verdadeira essência na luz infinita do Deus Supremo.

Capítulo 25
Como Identificar as Ilusões do Mundo

A jornada gnóstica, conforme revelada no Evangelho de Judas, enfatiza a importância de identificar e superar as ilusões que aprisionam a alma no mundo material. Jesus explica a Judas que o mundo físico, criado pelo Demiurgo, é essencialmente uma construção de ilusões, projetada para manter a alma cativa, distanciada de sua origem divina e da verdade que reside no pleroma. O mundo, portanto, é uma estrutura de enganos e aparências que confunde e desvia o ser humano de seu propósito espiritual. Para o gnóstico, a capacidade de discernir entre o real e o ilusório é uma habilidade essencial, pois é apenas através desse discernimento que a alma consegue escapar das amarras da matéria e ascender à verdadeira iluminação.

As ilusões do mundo se manifestam de diversas maneiras, muitas vezes através dos desejos e dos apegos que aprisionam a alma em um ciclo de insatisfação e sofrimento. No ensino de Jesus a Judas, ele descreve esses desejos como criações dos Arcontes, seres que atuam sob a influência do Demiurgo e cuja função é manter o controle sobre a humanidade. Esses Arcontes manipulam os sentidos e instigam a vaidade, a inveja, a cobiça e outros sentimentos que desviam a alma de sua busca pelo conhecimento. A partir do momento em que o gnóstico identifica essas influências, ele começa a perceber que muitos de seus desejos e temores são apenas ilusões, construídas para reforçar sua dependência do mundo físico e impedir sua elevação espiritual.

Jesus ensina que uma das principais ilusões é a do ego, a identificação com a personalidade e com as conquistas terrenas. O ego é alimentado pelo desejo de poder, de reconhecimento e de posse, criando uma imagem distorcida de si mesmo e um ciclo de insatisfação perpétua. Ao se identificar com o ego, o indivíduo se torna vulnerável às manipulações dos Arcontes, que reforçam a necessidade de aprovação e de sucesso material. O gnóstico, no entanto, aprende a ver o ego como uma máscara temporária, uma construção ilusória que não reflete sua verdadeira essência. Ao desenvolver o discernimento para separar o ego da alma, o gnóstico começa a transcender as limitações impostas pelo mundo material, descobrindo uma dimensão de paz e liberdade que está além das conquistas exteriores.

Outro aspecto das ilusões do mundo é a crença na permanência e na estabilidade do que é físico. Jesus revela a Judas que o mundo material é impermanente e sujeito à mudança constante, mas os Arcontes incentivam a ilusão de que os bens e as relações materiais podem oferecer segurança duradoura. Essa crença leva a um apego que gera sofrimento, pois tudo o que é material eventualmente se desgasta, se transforma ou se perde. Para o gnóstico, essa percepção da impermanência é fundamental, pois ao compreender que nada no mundo físico é eterno, ele pode começar a direcionar sua busca para o que é realmente duradouro: o conhecimento divino e a conexão com o Deus Supremo. Ao desenvolver esse entendimento, o gnóstico reduz seu apego ao que é efêmero e cultiva uma busca sincera pelo que é eterno.

As ilusões também se manifestam através das instituições e das normas sociais, que condicionam o ser humano a conformar-se a regras e expectativas externas. Jesus explica que essas instituições — sejam elas religiosas, políticas ou culturais — são criadas e mantidas pelo Demiurgo e pelos Arcontes para consolidar o controle sobre a humanidade. Elas promovem valores e ideais que incentivam a competição, o materialismo e a obediência cega, desviando a alma de sua busca interior. O gnóstico, ao identificar essas influências, percebe que muitas de suas crenças e valores foram impostos externamente e não refletem sua verdade interior. Essa percepção permite que ele questione e rejeite as normas que não servem a seu propósito espiritual, libertando-se das expectativas sociais e voltando-se para a busca da verdade.

No caminho gnóstico, a identificação das ilusões é um exercício de vigilância constante. Jesus ensina a Judas que o discernimento espiritual deve ser cultivado dia após dia, pois as ilusões do mundo são persistentes e se adaptam às vulnerabilidades de cada alma. Essa prática de vigilância envolve observar as próprias emoções e reações, questionando-as e identificando se elas estão enraizadas na verdade ou nas ilusões da matéria. Essa auto-observação é um passo essencial para o gnóstico, pois permite que ele se liberte gradualmente das influências dos Arcontes, desenvolvendo uma consciência clara e desapegada. Ao cultivar essa clareza, o gnóstico fortalece sua conexão com o divino, tornando-se cada vez mais resistente às ilusões e às manipulações do mundo físico.

A busca pelo conhecimento verdadeiro também envolve a superação da ilusão de separação. No ensino de Jesus a Judas, ele revela que a alma, apesar de estar temporariamente aprisionada no mundo material, é uma extensão do Deus Supremo e está conectada a tudo o que é divino. A ilusão de separação, no entanto, faz com que a alma se veja como isolada e desconectada, levando-a a buscar satisfação em relacionamentos e posses exteriores. O gnóstico, ao reconhecer essa ilusão, começa a buscar sua completude dentro de si mesmo, redescobrindo sua conexão com o Deus Supremo e com o pleroma. Essa reconexão transforma a visão do gnóstico sobre o mundo, pois ele percebe que não precisa de nada externo para sentir-se completo e em paz.

A prática da meditação e da contemplação é fundamental para que o gnóstico possa identificar e transcender as ilusões do mundo. Ao silenciar a mente e observar suas próprias percepções, o gnóstico desenvolve uma visão clara e imparcial da realidade, permitindo-se ver além das aparências. Jesus ensina a Judas que, ao entrar em estados de contemplação profunda, o gnóstico experimenta momentos de clareza onde as ilusões se dissolvem e a verdade se revela. Esses momentos de insight são fundamentais, pois eles fornecem ao gnóstico uma experiência direta da realidade divina, uma visão do que está além do mundo material e que permanece inacessível aos sentidos físicos. Esse contato com o divino fortalece a alma e a motiva a continuar sua jornada de autodescoberta e de iluminação.

Outro aspecto da ilusão é a crença na dualidade, a percepção de que o bem e o mal, a luz e a escuridão, o eu e o outro são realidades separadas e conflitantes. Jesus ensina que essa dualidade é uma ilusão criada pelos Arcontes para manter a alma em um estado de conflito e divisão. O gnóstico, ao transcender essa ilusão, começa a ver o universo como uma expressão única do divino, onde tudo está interligado e onde as aparentes divisões são apenas manifestações temporárias. Esse entendimento de unidade é um passo importante para o gnóstico, pois ele permite que ele viva em harmonia com o cosmos, desapegando-se dos conflitos e cultivando uma paz interior que não depende das circunstâncias externas.

A identificação das ilusões do mundo também leva o gnóstico a compreender a verdadeira natureza da felicidade e do sofrimento. Jesus revela a Judas que o sofrimento é, em grande parte, uma criação das ilusões materiais, pois ele surge da identificação com o corpo, o ego e as posses. Ao reconhecer que sua verdadeira essência é espiritual e que o sofrimento material é passageiro, o gnóstico desenvolve uma resiliência que o protege das influências do Demiurgo e dos Arcontes. Essa compreensão do sofrimento como uma ilusão permite que ele mantenha uma atitude de serenidade, mesmo em meio às dificuldades, pois ele sabe que sua alma é eterna e que sua verdadeira felicidade está além do mundo físico.

Ao fim da jornada gnóstica, o processo de identificar e transcender as ilusões do mundo conduz a alma a um estado de clareza e de paz, onde ela experimenta uma visão pura da realidade. Jesus ensina a Judas que essa visão é a recompensa pela busca sincera pelo conhecimento, um estado de iluminação onde a alma se liberta de todas as amarras materiais e descobre sua unidade com o Deus Supremo. Nesse estado, o gnóstico vive em paz e harmonia, desapegado das ilusões e centrado na verdade, experimentando a liberdade que vem do conhecimento e da superação das ilusões que antes o aprisionavam.

    A superação das ilusões é, portanto, o caminho para a verdadeira libertação espiritual, um processo de despertar para a realidade divina que aguarda cada alma no pleroma.

Capítulo 26
A Verdadeira Natureza do Espírito

No Evangelho de Judas e na tradição gnóstica, a verdadeira natureza do espírito é apresentada como uma centelha divina, uma extensão direta do Deus Supremo, aprisionada temporariamente no mundo material. Jesus revela a Judas que o espírito humano, ao contrário do corpo físico e das estruturas materiais que o cercam, não pertence ao domínio do Demiurgo, o criador do mundo físico e do cosmos visível. O espírito é uma emanação do pleroma, o reino eterno e perfeito do Deus Supremo, onde residem os Eons e as forças que compõem a verdadeira realidade. Esse entendimento da natureza do espírito é fundamental para o caminho gnóstico, pois ele orienta a busca da alma por sua libertação e reintegração com o divino.

Diferente do corpo e da mente, que são temporários e moldados pelas influências do Demiurgo e dos Arcontes, o espírito carrega uma essência imortal, uma conexão com o reino celestial que permanece intacta, mesmo enquanto atravessa a experiência terrena. O espírito é a manifestação mais pura do ser, a parte de cada pessoa que transcende a matéria e que anseia retornar ao seu estado original de união com o Deus Supremo. Jesus ensina que o espírito humano é como uma partícula de luz perdida no mundo das sombras, mas que, através do conhecimento verdadeiro, ou gnose, pode encontrar o caminho de volta ao pleroma, libertando-se das ilusões e limitações impostas pelo Demiurgo.

O espírito, na visão gnóstica, não é uma construção psicológica ou um produto da mente, mas uma essência viva que habita o interior do ser humano, esperando o momento de despertar e de reivindicar sua verdadeira identidade. Jesus explica a Judas que o espírito não pode ser destruído ou corrompido, pois ele faz parte da essência do Deus Supremo. No entanto, o Demiurgo e seus Arcontes tentam obscurecer a presença do espírito ao manter a alma distraída e presa aos prazeres e aos temores da vida material. Esses agentes do Demiurgo utilizam o corpo e a mente para criar uma barreira de ilusão, impedindo que a alma reconheça e se conecte com seu espírito. A prática gnóstica, então, é o processo de remover essas barreiras, de purificar a mente e o corpo para que o espírito possa brilhar com toda a sua força.

A verdadeira natureza do espírito também se revela na busca interior por significado, verdade e paz, desejos que transcendem as necessidades e os desejos do corpo físico. Para o gnóstico, essa busca é um sinal da presença do espírito, um impulso profundo que não pode ser satisfeito por nada no mundo material. Jesus ensina que o espírito carrega uma memória ancestral do pleroma, um conhecimento silencioso e profundo de que existe uma realidade superior, além das limitações do mundo visível. Esse anseio espiritual é o que leva o gnóstico a questionar o sentido da vida e a buscar respostas que vão além das explicações materiais. Ao seguir esse impulso interior, o gnóstico começa a desvendar a verdadeira natureza do espírito e a se reconectar com a fonte de sua própria existência.

No gnosticismo, o espírito é visto como a ponte entre o humano e o divino, uma presença eterna que nunca perdeu sua conexão com o Deus Supremo. Jesus explica que, enquanto o corpo é vulnerável e temporário, o espírito é imutável e imortal. Essa visão transforma a maneira como o gnóstico vê a si mesmo, pois ele começa a se identificar não com o corpo, mas com o espírito, entendendo que sua verdadeira identidade está além da matéria. Essa mudança de perspectiva é o início da libertação, pois ela permite que o gnóstico transcenda as limitações do mundo físico e experimente uma paz que vem da compreensão de sua natureza eterna. Ao reconhecer essa verdade, ele deixa de temer a morte, pois entende que sua essência não é afetada pela destruição do corpo.

Jesus também ensina que o espírito possui qualidades divinas que refletem a perfeição do pleroma. Essas qualidades incluem a sabedoria, a paz, o amor e a compaixão, virtudes que existem em potencial dentro de cada pessoa e que, quando desenvolvidas, aproximam o gnóstico de sua verdadeira natureza. No entanto, essas qualidades são frequentemente obscurecidas pelo ego e pelos desejos materiais, que desviam a atenção da alma e a mantêm focada no mundo exterior. O processo de despertar espiritual, então, envolve o cultivo dessas qualidades divinas, um trabalho de purificação e de autotransformação que permite que o espírito manifeste sua luz interior. Ao fortalecer essas virtudes, o gnóstico gradualmente eleva sua consciência e se alinha com a essência do Deus Supremo.

A jornada para compreender e expressar a verdadeira natureza do espírito é também uma jornada de libertação das ilusões do Demiurgo. Jesus revela a Judas que o mundo material é uma ilusão projetada para aprisionar a alma e para mantê-la em um ciclo de ignorância e sofrimento. No entanto, o espírito é a chave para escapar desse ciclo, pois ele possui o conhecimento do pleroma e a memória da unidade divina. Ao se conectar com o espírito, o gnóstico é capaz de ver além das aparências e de acessar uma sabedoria que transcende o entendimento racional. Essa sabedoria é o que permite que o gnóstico tome decisões em harmonia com o divino, rejeitando as influências dos Arcontes e vivendo uma vida de paz e de liberdade espiritual.

No Evangelho de Judas, o espírito é também descrito como uma fonte de orientação e de força. Jesus explica que, ao cultivar o silêncio e a introspecção, o gnóstico pode ouvir a voz do espírito, que o guia em sua jornada de autoconhecimento e de superação. Essa voz interior não é uma entidade separada, mas a manifestação do próprio Deus Supremo dentro do ser humano, uma presença que o orienta e o protege enquanto ele caminha pelo mundo. Ao seguir essa orientação, o gnóstico encontra forças para enfrentar as dificuldades e as tentações que surgem em seu caminho, pois ele sabe que seu espírito é imortal e que sua verdadeira essência está sempre conectada ao divino.

Para o gnóstico, o espírito também representa a liberdade última, a possibilidade de transcender todas as limitações e de experimentar a paz perfeita no pleroma. Jesus ensina que a verdadeira liberdade não é a ausência de restrições externas, mas a capacidade de viver em harmonia com o espírito e de realizar seu potencial divino. Essa liberdade é alcançada através do conhecimento, ou gnose, que permite que a alma veja além das ilusões e descubra a verdade sobre si mesma. Quando o gnóstico compreende a verdadeira natureza de seu espírito, ele se liberta das influências do Demiurgo e dos Arcontes, alcançando um estado de paz e de unidade que nenhuma força material pode abalar.

O espírito, na visão gnóstica, é, portanto, o aspecto mais elevado do ser humano, uma presença eterna que permanece imune às imperfeições e aos sofrimentos do mundo material. Jesus revela a Judas que o espírito é uma parte essencial do pleroma, uma extensão do Deus Supremo que nunca perdeu sua conexão com a verdade. Ao despertar para essa realidade, o gnóstico encontra a fonte de toda a paz, força e sabedoria, pois ele redescobre sua verdadeira identidade como um ser divino, destinado a retornar ao pleroma. Essa compreensão transforma toda a sua vida, pois ele passa a viver em harmonia com o espírito e a experimentar a liberdade e a paz que vêm do conhecimento verdadeiro.

A jornada de reconexão com o espírito é, então, o coração da prática gnóstica, uma busca por redescobrir e manifestar a essência divina que habita em cada ser humano. Jesus, ao ensinar essa verdade a Judas, oferece um caminho para a libertação e para a paz eterna, mostrando que, apesar das ilusões e das dificuldades do mundo material, cada alma carrega em si a luz do espírito e a capacidade de retornar ao Deus Supremo. O espírito é, assim, a prova de que a alma nunca está sozinha, pois ele é uma presença viva e eterna que guia e sustenta o gnóstico em sua jornada de ascensão.

Capítulo 27
Superando o Ego

A filosofia gnóstica, revelada no Evangelho de Judas, ensina que o ego é um dos principais obstáculos à realização espiritual. O ego, que surge da identificação com o mundo material e suas ilusões, é uma construção que aprisiona a alma na ignorância, distraindo-a da verdade e da essência divina que reside dentro de si. Jesus explica a Judas que o ego é uma máscara temporária, um reflexo das influências do Demiurgo e dos Arcontes que tentam manter o ser humano cativo da matéria, afastando-o de seu propósito espiritual mais elevado. Superar o ego, portanto, é uma tarefa essencial para o gnóstico que busca a libertação e o retorno ao pleroma, o reino do Deus Supremo.

O ego se manifesta como a voz interior que constantemente busca validação, poder, reconhecimento e controle. Essas necessidades são alimentadas pelas estruturas materiais e sociais, que reforçam a ideia de que a identidade do indivíduo depende do que ele possui, do que alcança ou de como é visto pelos outros. Essa ilusão, entretanto, mantém o indivíduo preso a um ciclo de ansiedade e de insatisfação, pois o ego nunca é verdadeiramente satisfeito. Jesus ensina a Judas que o ego é uma construção da mente que distorce a percepção da realidade, impedindo que a alma reconheça sua verdadeira natureza. No caminho gnóstico, superar o ego é libertar-se dessas limitações, abrindo-se para uma compreensão mais profunda do ser e de sua conexão com o divino.

A prática de superar o ego começa com o autoconhecimento. O gnóstico é chamado a observar seus próprios pensamentos, desejos e reações, identificando as motivações que surgem do ego e distinguindo-as da voz do espírito. Essa prática de autovigilância revela que muitos dos desejos e temores que influenciam o comportamento humano são criações ilusórias, que não refletem as necessidades reais da alma, mas apenas os impulsos do ego. Jesus ensina que, ao observar o ego sem julgá-lo, o gnóstico pode desidentificar-se dele, percebendo-o como uma camada superficial que obscurece a verdadeira essência. Essa observação desapegada é o primeiro passo para transcender o ego e para começar a ouvir a voz do espírito, que é a expressão do Deus Supremo dentro de cada ser humano.

O ego também se manifesta na forma de orgulho e de vaidade, criando uma identidade falsa que se vê como superior ou inferior aos outros. Esse sentimento de separação e de comparação constante é uma ilusão que impede a alma de experimentar a unidade com o divino e com o cosmos. No ensino de Jesus a Judas, ele explica que o orgulho é uma das armadilhas mais sutis do Demiurgo, pois ele leva o indivíduo a buscar valor no reconhecimento externo, afastando-o do verdadeiro valor que reside em sua essência divina. O gnóstico, ao reconhecer essa ilusão, aprende a cultivar a humildade, entendendo que sua verdadeira identidade não depende de comparação ou de competição, mas está enraizada na paz e na plenitude do pleroma.

No caminho gnóstico, a superação do ego também envolve o desapego dos papéis e das máscaras sociais. O ego cria identidades temporárias, associadas a títulos, ocupações, relacionamentos e conquistas, levando o indivíduo a se identificar com essas construções e a perder de vista sua essência. Jesus ensina que, para se libertar, o gnóstico deve desapegar-se dessas identidades e buscar a verdade que está além dos papéis transitórios. Esse desapego não significa negar ou rejeitar a experiência terrena, mas vivê-la com consciência, sem se deixar definir por ela. Ao se libertar das máscaras do ego, o gnóstico experimenta uma leveza e uma liberdade que o aproximam de sua verdadeira natureza espiritual, permitindo que ele viva em harmonia com o divino.

A superação do ego exige também que o gnóstico enfrente seus medos e inseguranças, que muitas vezes são reforçados pelas expectativas e pelos julgamentos externos. O ego busca constantemente a aprovação e a segurança, criando uma dependência das opiniões e das validações alheias. Jesus ensina que essa dependência é uma prisão que impede a alma de experimentar a liberdade espiritual. Ao superar o medo de ser rejeitado ou de fracassar, o gnóstico aprende a confiar em sua própria intuição e na sabedoria do espírito, descobrindo uma coragem que não depende do mundo exterior. Essa confiança interior é um sinal de que o ego está sendo superado, pois a alma começa a viver em harmonia com o Deus Supremo, sem medo das opiniões ou das circunstâncias terrenas.

No Evangelho de Judas, Jesus também revela que o ego é o principal responsável pelo sofrimento humano, pois ele cria expectativas e desejos que nunca podem ser plenamente satisfeitos. O ego se apega ao prazer e evita a dor, mas esses extremos inevitavelmente levam ao sofrimento, pois tudo no mundo material é temporário e imperfeito. O gnóstico, ao compreender a natureza ilusória do ego, aprende a desapegar-se das expectativas e a aceitar a realidade como ela é, com todas as suas mudanças e incertezas. Esse desapego traz uma paz profunda, pois ele liberta a alma do ciclo de sofrimento e de insatisfação que o ego perpetua, permitindo que ela experimente a serenidade que vem da aceitação e do alinhamento com o divino.

A prática de meditação e de silêncio interior é fundamental para superar o ego, pois ela permite que o gnóstico entre em contato direto com sua essência divina, além das distrações e das ilusões da mente. Jesus ensina que o silêncio é o estado onde a verdade pode ser ouvida e onde a alma pode se conectar com o Deus Supremo. Ao praticar o silêncio, o gnóstico começa a perceber que o ego é apenas uma voz passageira e que sua verdadeira identidade é o espírito imortal que habita em seu ser. Esse contato com o espírito enfraquece o poder do ego, pois ele revela uma paz e uma sabedoria que transcendem as necessidades e os temores materiais.

No processo de superação do ego, o gnóstico também aprende a cultivar a compaixão e o amor incondicional. O ego é, por natureza, egocêntrico e focado em si mesmo, mas o espírito, que é uma extensão do Deus Supremo, é compassivo e amoroso. Jesus ensina a Judas que, ao superar o ego, o gnóstico se torna um canal de amor e de luz, capaz de ver além das divisões e de experimentar a unidade com todos os seres. Essa transformação é um sinal de que o ego está sendo transcendido e de que o gnóstico está cada vez mais alinhado com sua verdadeira natureza divina. A compaixão se torna, então, uma expressão natural de sua essência, uma manifestação da presença do Deus Supremo em sua vida.

Superar o ego é, portanto, um processo de despertar e de autodescoberta, onde o gnóstico abandona as ilusões e descobre a paz e a liberdade que vêm do conhecimento verdadeiro. Jesus ensina que, ao transcender o ego, a alma se aproxima do pleroma e experimenta uma alegria que não depende das circunstâncias externas. Essa alegria é um reflexo da unidade com o divino, uma experiência de plenitude que nenhuma ilusão pode abalar. No estado de união com o Deus Supremo, o gnóstico vive em harmonia com o universo, desapegado das necessidades do ego e centrado na verdade eterna que habita em seu interior.

O Evangelho de Judas, ao ensinar sobre a superação do ego, oferece uma visão transformadora do potencial humano, mostrando que cada alma possui a capacidade de transcender suas limitações e de experimentar a liberdade e a paz que vêm da conexão com o divino. Jesus revela que essa jornada de superação é possível para todos aqueles que buscam a verdade com sinceridade e que estão dispostos a abandonar as ilusões do mundo material. A superação do ego é, então, o caminho para a verdadeira iluminação, um processo de libertação que conduz a alma ao pleroma, onde ela encontra sua essência e sua unidade com o Deus Supremo.

Capítulo 28
A Experiência da Iluminação

No coração do gnosticismo e das revelações encontradas no Evangelho de Judas, a iluminação é descrita como uma experiência de despertar espiritual, um estado de compreensão profunda e de união com o divino que transcende o entendimento comum. Jesus ensina a Judas que a iluminação é a chave para a libertação da alma, pois ela permite que o gnóstico veja além das ilusões do mundo material e das amarras impostas pelo Demiurgo. A iluminação, assim, é tanto o ponto culminante da jornada gnóstica quanto o estado de paz e de verdade ao qual todas as almas aspiram.

Para o gnóstico, a iluminação começa com o conhecimento interior — a gnose. Esse conhecimento não se refere à acumulação de informações, mas à experiência direta da verdade, que desperta o espírito para sua verdadeira natureza. Jesus revela que essa verdade está disponível para todos aqueles que buscam com sinceridade e que são capazes de abandonar as distrações e os desejos mundanos. A experiência da iluminação é, em essência, o momento em que a alma se conecta com o pleroma, o reino de luz do Deus Supremo, e compreende que sua essência é uma extensão dessa divindade. Esse despertar traz uma nova perspectiva sobre o mundo, onde a dualidade entre o eu e o todo se dissolve, e a unidade divina se torna uma realidade vivenciada.

A iluminação é frequentemente descrita como uma experiência de intensa clareza e de profunda paz. Ao alcançar a iluminação, o gnóstico compreende a verdadeira natureza do universo e vê além das ilusões impostas pelo Demiurgo e seus

Arcontes. Jesus explica a Judas que, nesse estado, a alma percebe que o mundo material é apenas uma sombra da realidade divina, uma projeção distorcida que não possui substância própria. Essa compreensão liberta a alma das angústias e dos apegos, pois ela percebe que sua verdadeira essência é imortal e que seu destino final é retornar ao pleroma. A paz que surge da iluminação é inabalável, pois ela se enraíza na certeza da própria eternidade e na experiência direta da presença divina.

No entanto, a iluminação não é um evento repentino, mas o resultado de um processo contínuo de purificação e de autoconhecimento. Jesus ensina que, para alcançar a iluminação, o gnóstico deve superar as ilusões do ego e se libertar das influências dos Arcontes, que tentam manter a alma presa ao mundo físico. Esse processo de purificação envolve o desapego dos desejos e das emoções que reforçam a identificação com o corpo e com a mente. Ao liberar-se dessas amarras, a alma se torna mais leve e mais receptiva à luz do Deus Supremo. Esse estado de receptividade é essencial para a iluminação, pois ele permite que a alma se abra para a verdade e para o amor divino, que emanam do pleroma e que a guiam em sua jornada de retorno ao lar celestial.

A prática da meditação e do silêncio interior é fundamental para o gnóstico que busca a iluminação. Jesus explica a Judas que, ao silenciar a mente, o gnóstico cria um espaço onde a verdade pode se revelar e onde a luz do espírito pode brilhar sem obstáculos. A meditação é uma prática de retorno ao estado original da alma, um processo de desapego das preocupações e dos desejos que impedem o contato com o divino. Nesse silêncio profundo, o gnóstico experimenta momentos de clareza e de paz que lhe dão uma visão do pleroma, um vislumbre da unidade e da perfeição que existem além do mundo físico. Esses momentos de insight fortalecem a alma e a motivam a continuar sua jornada, pois eles são a prova de que a iluminação é possível e de que a verdade está ao seu alcance.

A iluminação, no gnosticismo, também envolve uma transformação das relações e das percepções sobre o outro. Jesus ensina que, ao alcançar a iluminação, o gnóstico compreende que todos os seres possuem a mesma essência divina e que as aparentes diferenças entre eles são ilusões criadas pelo mundo material. Essa compreensão desperta um amor incondicional e uma compaixão que transcendem o ego e que refletem a unidade do pleroma. O gnóstico iluminado vê além das divisões e das distinções, reconhecendo a presença do Deus Supremo em cada alma e em cada forma de vida. Esse estado de amor e de compaixão é um dos sinais da iluminação, pois ele mostra que a alma se libertou do ego e que está em harmonia com o divino.

Jesus também ensina que a iluminação é o fim do medo e do sofrimento, pois ela revela que a alma é imortal e que nada no mundo físico pode ameaçá-la. O medo, segundo o gnosticismo, é uma das ferramentas dos Arcontes, que utilizam a insegurança e a dúvida para manter a alma cativa. No entanto, ao alcançar a iluminação, o gnóstico percebe que sua verdadeira identidade é o espírito, uma essência eterna que não pode ser destruída nem limitada pelas circunstâncias materiais. Essa compreensão liberta a alma de todas as preocupações, pois ela sabe que sua existência é garantida pelo Deus Supremo e que seu destino final é a união com o pleroma. A liberdade do medo é, então, uma das recompensas da iluminação, um estado de paz que transcende todas as incertezas do mundo.

A experiência da iluminação também transforma a visão do gnóstico sobre o sofrimento e as dificuldades da vida. Jesus explica que, para a alma iluminada, o sofrimento é apenas uma passagem temporária, uma oportunidade de crescimento que fortalece o espírito e o prepara para o retorno ao pleroma. Ao perceber o sofrimento dessa maneira, o gnóstico se desapega das emoções e das reações que normalmente acompanham as dificuldades, experimentando uma serenidade que vem da compreensão de sua própria eternidade. Esse estado de aceitação e de paz é um sinal de que a alma transcendeu as ilusões do mundo e alcançou um estado de harmonia com o divino. A iluminação, então, não é apenas um estado de alegria, mas uma experiência de equilíbrio e de serenidade que permite ao gnóstico viver no mundo sem ser influenciado por suas limitações.

A iluminação é, portanto, o objetivo final da jornada gnóstica, um estado de união com o Deus Supremo que traz paz, compreensão e liberdade. Jesus ensina a Judas que esse estado não é reservado a poucos, mas está ao alcance de todos aqueles que buscam a verdade com sinceridade e que estão dispostos a superar as ilusões do mundo material. A iluminação é tanto um presente quanto uma conquista, uma recompensa por todos os esforços e por toda a dedicação à busca pelo conhecimento verdadeiro. Ao alcançar a iluminação, o gnóstico experimenta a plenitude de sua própria essência e se reintegra ao pleroma, onde encontra a paz e a liberdade eternas.

No Evangelho de Judas, a experiência da iluminação é apresentada como uma visão transformadora, uma experiência de luz e de verdade que liberta a alma de todas as amarras. Jesus revela que essa iluminação é o retorno ao estado original da alma, uma reintegração ao reino divino onde não há mais dor, separação ou ilusão. Esse estado de união com o pleroma é o destino final da alma, o ponto culminante de sua jornada de autoconhecimento e de superação. Ao alcançar esse estado, o gnóstico se torna um ser de paz e de luz, um reflexo da presença do Deus Supremo no mundo. A iluminação é, assim, o cumprimento de todos os anseios e de todos os esforços do gnóstico, uma experiência de unidade e de perfeição que transcende todas as limitações e que revela a verdade eterna.

Capítulo 29
Práticas de Ritual Gnóstico

No contexto do Evangelho de Judas e da tradição gnóstica, os rituais têm um papel distinto e sutil, diferindo das práticas tradicionais que focam em ritos externos e em gestos simbólicos. Os rituais gnósticos são construídos como ferramentas de introspecção e de conexão espiritual, projetados para auxiliar o praticante a superar as limitações do mundo material e a sintonizar-se com a verdade divina. Para o gnóstico, o verdadeiro ritual não é um conjunto de regras impostas, mas uma prática que visa a comunhão direta com o Deus Supremo, um retorno consciente à fonte de toda luz e sabedoria. Jesus ensina a Judas que esses rituais são, antes de tudo, processos internos, uma jornada para dentro, onde o praticante busca compreender e manifestar sua natureza espiritual.

Os rituais gnósticos começam frequentemente com a prática de introspecção e de silêncio. Jesus ensina que o silêncio é uma porta para o entendimento, um estado onde a verdade pode ser experimentada sem as interferências do ego e das distrações do mundo físico. Para os gnósticos, o silêncio é mais do que a ausência de palavras; ele é um estado de quietude mental que permite que a alma se alinhe com o espírito e experimente uma paz que transcende as ilusões materiais. Esse silêncio é cultivado através da meditação, onde o praticante esvazia a mente de pensamentos e se concentra em sua própria essência, buscando ouvir a voz interior do espírito. Esse momento de silêncio é uma prática ritual que conecta o gnóstico ao pleroma, permitindo que ele sinta a presença do Deus Supremo.

A oração também é uma prática essencial nos rituais gnósticos, mas difere da oração tradicional em que não é uma súplica ou um pedido por favores materiais. No gnosticismo, a oração é uma expressão de gratidão, um reconhecimento da luz e da sabedoria que existem no interior da alma. Jesus explica a Judas que a verdadeira oração não é um diálogo com um ser externo, mas uma comunhão com o espírito, uma prática de lembrança da própria essência divina. Ao orar, o gnóstico se concentra em sua própria luz interior, reafirmando sua conexão com o Deus Supremo e afastando-se das influências do Demiurgo e dos Arcontes. Essa oração não possui palavras específicas, pois ela é uma expressão sincera de união e de reconhecimento da verdade que reside em cada ser.

Outra prática importante nos rituais gnósticos é o uso de mantras e de cânticos sagrados, que ajudam o praticante a elevar sua vibração e a criar uma atmosfera de paz e de serenidade. Os mantras são sons ou palavras que carregam um poder vibracional, capazes de acalmar a mente e de abrir o coração para a luz divina. No gnosticismo, esses cânticos são frequentemente repetidos em silêncio, permitindo que a mente se acalme e que o espírito se manifeste. Jesus ensina que os mantras são como pontes entre o mundo físico e o mundo espiritual, uma forma de harmonizar o corpo e a alma e de alinhar a consciência com o pleroma. Esse processo de entoar mantras é um ritual que cria um estado de receptividade, onde o gnóstico se abre para receber o conhecimento e a sabedoria que vêm do Deus Supremo.

Os símbolos também desempenham um papel importante nos rituais gnósticos, mas, ao contrário das práticas externas, os símbolos no gnosticismo são entendidos como representações internas de realidades espirituais. Jesus ensina a Judas que os símbolos não possuem poder em si mesmos, mas servem como lembretes das verdades espirituais que o praticante deve recordar e manifestar. Um exemplo de símbolo é a luz, que representa o conhecimento e a sabedoria do Deus Supremo, contrastando com a escuridão do mundo material e da ignorância. O gnóstico utiliza esses símbolos como pontos de meditação, refletindo sobre o que eles representam e permitindo que suas energias espirituais sejam despertadas em seu interior. Esse uso consciente dos símbolos é um ritual de autotransformação, onde o gnóstico se conecta com os aspectos mais elevados de sua própria essência.

O ritual gnóstico também pode envolver práticas de purificação, que visam remover as influências negativas e as energias densas que acumulam-se no corpo e na mente. Jesus ensina que a purificação é um passo importante para preparar a alma para a recepção da luz divina, pois ela permite que o gnóstico se liberte das cargas emocionais e dos pensamentos que o afastam de sua verdadeira essência. A purificação pode envolver jejum, meditação profunda ou até mesmo o uso de água como símbolo de limpeza espiritual. Esses atos de purificação são entendidos como rituais de renovação, onde o gnóstico conscientemente escolhe abandonar as influências do Demiurgo e dos Arcontes, sintonizando-se com a pureza do pleroma e com a paz do Deus Supremo.

A visualização é outra técnica utilizada nos rituais gnósticos, onde o praticante visualiza imagens de luz ou de ascensão, simbolizando seu retorno ao pleroma. Jesus explica que a mente humana possui a capacidade de criar realidades interiores e que, ao visualizar-se envolto em luz ou elevando-se em direção ao divino, o gnóstico fortalece sua conexão espiritual e se aproxima de sua verdadeira essência. A visualização não é apenas um exercício mental, mas uma prática de fé e de entrega, onde o gnóstico coloca toda sua intenção na busca pela verdade. Esse ritual de visualização é uma forma de preparação para a iluminação, pois ele desperta a alma para a realidade do pleroma e para a presença do Deus Supremo.

Os rituais gnósticos também incentivam a prática da reflexão e da autoanálise, onde o gnóstico examina suas próprias ações, pensamentos e intenções, buscando identificar as influências do ego e as ilusões materiais. Jesus ensina que a reflexão é um instrumento de autotransformação, pois ela permite que o gnóstico reconheça as áreas onde ainda está preso ao mundo físico e onde precisa fortalecer sua conexão com o divino.

Esse processo de autoanálise é um ritual de sinceridade e de humildade, onde o praticante se compromete a corrigir seus desvios e a purificar sua alma, preparando-se para receber a verdade e a sabedoria que vêm do Deus Supremo. A reflexão é, assim, um caminho de aperfeiçoamento, um compromisso com a própria evolução e com a busca pela iluminação.

Além disso, os rituais gnósticos envolvem o ato de entrega e de confiança no processo divino. Jesus ensina que o caminho da iluminação não pode ser trilhado com pressa ou com expectativas, mas deve ser percorrido com paciência e com fé. Nos rituais, o gnóstico pratica a entrega, confiando que o Deus Supremo guiará sua jornada e que a verdade se revelará no tempo certo. Esse ato de entrega é um ritual de aceitação e de humildade, onde o gnóstico reconhece sua dependência da luz divina e se coloca como um instrumento do divino. A entrega é uma expressão de confiança no pleroma e no Deus Supremo, uma prova de que o gnóstico está pronto para receber a verdade e para viver em harmonia com o divino.

A prática de rituais no gnosticismo é, portanto, uma jornada de autoconhecimento e de conexão com o divino, onde cada prática é uma oportunidade de retornar à essência e de manifestar a luz interior. Jesus ensina a Judas que o verdadeiro ritual é aquele que desperta a alma para sua própria divindade, permitindo que ela veja além das ilusões e que encontre a paz e a liberdade que vêm do conhecimento verdadeiro. Ao seguir essas práticas, o gnóstico transforma sua vida em um ritual de busca e de entrega, uma jornada onde cada ação é uma oportunidade de viver em harmonia com o Deus Supremo e de se preparar para o retorno ao pleroma, onde encontrará a plenitude e a paz eternas.

Capítulo 30
A Integração da Luz e da Escuridão

No Evangelho de Judas e na perspectiva gnóstica, a jornada espiritual exige uma compreensão profunda da dualidade entre luz e escuridão, pois essas forças estão presentes tanto no cosmos quanto no interior de cada ser humano. Ao longo de seus ensinamentos a Judas, Jesus revela que essa dualidade é uma manifestação da separação entre o mundo espiritual e o mundo material, representando o conflito entre a essência divina e a criação imperfeita do Demiurgo. Contudo, o caminho gnóstico não consiste em rejeitar ou negar a escuridão, mas em integrá-la de modo consciente, reconhecendo-a como parte de uma realidade maior e utilizando essa compreensão para alcançar a iluminação.

A luz, na tradição gnóstica, simboliza o conhecimento, a verdade e a presença do Deus Supremo, enquanto a escuridão representa a ignorância, o esquecimento da origem divina e o aprisionamento da alma na matéria. Jesus ensina a Judas que a escuridão não é uma força independente, mas uma condição de cegueira espiritual, uma ausência de luz que afeta a alma ao mantê-la prisioneira do mundo material e das ilusões do ego. No entanto, essa escuridão pode ser superada e transformada quando a alma desperta para a verdade de sua natureza divina, integrando os elementos sombrios de sua existência à luz do entendimento e do autoconhecimento.

A integração da luz e da escuridão começa com o reconhecimento da própria sombra, das partes do eu que permanecem ocultas e que estão enraizadas em medos, desejos e apegos ao mundo físico. Jesus ensina que a sombra é criada pela ignorância e pelos impulsos do ego, que buscam satisfação nas ilusões materiais e que desviam a alma de sua verdadeira essência. Para o gnóstico, a integração dessa sombra envolve uma prática de introspecção e de aceitação, onde ele olha para dentro de si mesmo e identifica as partes que ainda estão presas à escuridão. Esse processo não é um julgamento, mas uma exploração sincera, onde o gnóstico busca trazer à luz os aspectos de sua alma que necessitam de cura e de purificação.

A luz é a força que permite a transformação da sombra, pois ela representa o conhecimento verdadeiro que ilumina e dissolve a ignorância. Jesus revela que, ao cultivar a luz do espírito, o gnóstico se torna capaz de transformar seus medos e seus desejos em compreensão e em compaixão, transmutando a escuridão em sabedoria. Esse processo de integração é um ato de transcendência, onde o gnóstico aprende a ver além das limitações de seu ego e a reconhecer sua unidade com o divino. A luz, então, não é apenas um símbolo de bondade, mas uma força ativa de revelação e de cura, que permite que a alma desperte para sua verdadeira natureza e experimente a paz que vem da união com o Deus Supremo.

Na jornada gnóstica, a escuridão também é vista como um desafio necessário, uma força que testa a determinação da alma e que a ajuda a fortalecer-se em sua busca pela verdade. Jesus ensina que as provações e os sofrimentos que surgem da escuridão são oportunidades de crescimento, momentos em que a alma é chamada a escolher entre as ilusões do mundo material e a verdade do espírito. Essas experiências de escuridão servem para despertar a alma, pois elas a confrontam com suas próprias limitações e a incentivam a buscar a luz que reside dentro de si. Ao enfrentar essas dificuldades, o gnóstico aprende a confiar em sua própria luz interior, desenvolvendo uma resiliência que o capacita a transcender as ilusões e a manter-se firme em seu caminho espiritual.

A integração da luz e da escuridão é também um caminho de autocompaixão e de perdão. Jesus ensina a Judas que o ego frequentemente se prende à culpa e ao arrependimento, reforçando a identificação com a escuridão e criando um ciclo de sofrimento. No entanto, ao compreender que a escuridão é uma condição temporária, o gnóstico aprende a perdoar a si mesmo e a aceitar suas imperfeições como parte de sua jornada. Essa aceitação permite que ele libere a culpa e se concentre no fortalecimento de sua conexão com o Deus Supremo, pois ele reconhece que a verdadeira libertação está no conhecimento e na transformação, e não na autocrítica. Ao perdoar-se, o gnóstico dissolve a escuridão da culpa e da vergonha, experimentando a paz que vem da união com sua essência divina.

A luz e a escuridão também representam as forças do cosmos que operam na criação e na destruição. O Demiurgo e os Arcontes representam a escuridão, pois eles agem a partir da ignorância e do desejo de controle, criando um mundo onde a alma se perde em ilusões e onde a verdade é obscurecida. No entanto, Jesus ensina que mesmo essas forças escuras têm um papel na jornada do gnóstico, pois elas o ajudam a desenvolver discernimento e a fortalecer sua determinação. Ao reconhecer a presença do Demiurgo e dos Arcontes, o gnóstico não os vê como inimigos absolutos, mas como parte de um sistema que ele deve transcender. Essa visão permite que ele integre a experiência da escuridão como um impulso para a iluminação, transformando os desafios do mundo material em oportunidades de crescimento espiritual.

No caminho da integração, a meditação e a introspecção são práticas essenciais. Jesus ensina que, ao entrar em um estado de silêncio e de contemplação, o gnóstico permite que a luz do espírito ilumine suas sombras e revele o que precisa ser transformado. Durante a meditação, o gnóstico observa seus pensamentos e emoções, identificando as influências do ego e as ilusões que o prendem à escuridão. Esse processo de observação consciente permite que ele se desidentifique de sua sombra, percebendo-a como uma parte temporária e não essencial de sua identidade. Ao integrar essa compreensão, o gnóstico se torna cada vez mais livre das limitações da escuridão, experimentando um estado de clareza e de paz que vem da harmonia com o divino.

A integração da luz e da escuridão culmina em um estado de unidade, onde o gnóstico experimenta uma visão além das dualidades e compreende que toda a criação é uma expressão do Deus Supremo. Jesus ensina que, ao alcançar esse estado, a alma percebe que a luz e a escuridão são aspectos complementares de sua jornada, forças que, quando compreendidas e integradas, a conduzem ao estado de plenitude. Essa unidade é o destino final da alma, o retorno ao pleroma, onde não há mais divisão ou conflito, apenas a paz e a perfeição do divino. Nesse estado de unidade, o gnóstico experimenta a verdade última, um estado de liberdade onde ele vive em harmonia com o cosmos e com o Deus Supremo.

A integração da luz e da escuridão é, portanto, uma prática de equilíbrio e de aceitação, onde o gnóstico reconhece e transcende as limitações de sua condição terrena. Jesus ensina a Judas que essa prática é um caminho de autoconhecimento e de libertação, pois ela permite que a alma veja além das ilusões do ego e compreenda sua verdadeira natureza. Ao integrar esses aspectos, o gnóstico se liberta do medo e da ignorância, experimentando a paz que vem da compreensão e da união com o divino.

Capítulo 31
Transcendendo o Mundo Material

No Evangelho de Judas, o conceito de transcendência ocupa um lugar central na jornada espiritual gnóstica. A transcendência do mundo material é apresentada como um processo de desapego das ilusões e amarras que aprisionam a alma, mantendo-a distante de sua verdadeira essência e da luz divina. Para o gnosticismo, o mundo material, criado pelo Demiurgo, é visto como uma prisão que impede o ser humano de alcançar sua plenitude espiritual. Jesus revela a Judas que a libertação da alma só pode ocorrer quando ela supera as distrações e limitações impostas pela matéria, conectando-se profundamente com sua natureza divina e com o pleroma, o reino do Deus Supremo.

Esse processo de transcendência começa com a conscientização das ilusões que sustentam o mundo físico. No gnosticismo, a matéria é vista como uma camada que encobre a verdade espiritual, criando um ambiente onde a alma se perde em desejos, apegos e medos. Esses elementos são mantidos pelo Demiurgo e pelos Arcontes, que têm como objetivo perpetuar a ignorância espiritual. A transcendência, portanto, exige um distanciamento das influências e dos prazeres do mundo material, pois eles são projetados para manter a alma em um ciclo constante de insatisfação e de dependência das coisas temporais. Jesus ensina a Judas que esse processo de distanciamento é essencial para que o gnóstico redescubra sua verdadeira essência e desperte para a luz divina que reside em seu interior.

O desapego material é uma prática fundamental para aqueles que buscam a transcendência no caminho gnóstico. Esse desapego não é um simples abandono dos bens materiais, mas uma transformação da forma como a alma se relaciona com o mundo ao seu redor. Jesus explica que o apego ao que é transitório é o que mantém a alma cativa, pois ele cria uma identificação com o corpo e com as posses, impedindo que o indivíduo perceba sua própria eternidade. Para o gnóstico, o desapego envolve a compreensão de que tudo no mundo material é passageiro e que a verdadeira felicidade não pode ser encontrada em coisas externas. Ao cultivar esse desapego, a alma experimenta uma liberdade interna, onde ela não é mais afetada pelas perdas ou pelos ganhos, mas permanece centrada na paz e na sabedoria do espírito.

A transcendência do mundo material também envolve o reconhecimento de que o verdadeiro eu não é o corpo ou a mente, mas o espírito imortal. Jesus ensina a Judas que a identificação com o corpo é uma das maiores ilusões que o Demiurgo impõe, pois ela limita a percepção do ser humano e impede que ele compreenda sua própria natureza divina. O gnosticismo vê o corpo como um veículo temporário, uma forma que permite que a alma experimente o mundo físico, mas que não define sua identidade. Ao superar a identificação com o corpo, o gnóstico começa a experimentar uma visão mais ampla e mais espiritual de si mesmo, percebendo-se como uma extensão do Deus Supremo e como parte integrante do pleroma.

No processo de transcendência, a meditação e o silêncio interior são práticas essenciais. Jesus ensina que, ao silenciar a mente e desapegar-se dos pensamentos e preocupações do mundo material, a alma é capaz de se conectar com sua essência espiritual e de ouvir a voz do espírito. A meditação é uma prática de desapego mental, onde o gnóstico se liberta das distrações e dos julgamentos, permitindo que a verdade interior se revele. Nesse estado de quietude, a alma experimenta um vislumbre do pleroma e compreende que sua verdadeira natureza é imutável e eterna. A meditação, então, é uma ferramenta de transcendência, pois ela cria um espaço onde a alma pode se libertar das limitações impostas pela matéria e experimentar a unidade com o Deus Supremo.

O caminho da transcendência envolve também o cultivo da autossuficiência espiritual. Jesus ensina que o verdadeiro poder e a verdadeira paz estão dentro da alma, e que o gnóstico não deve buscar sua felicidade em fontes externas. Esse entendimento leva o praticante a cultivar a independência emocional e espiritual, onde ele se torna imune às flutuações do mundo físico e encontra sua força no próprio espírito. A autossuficiência espiritual é um sinal de transcendência, pois ela demonstra que a alma se libertou das ilusões e das dependências impostas pelo Demiurgo e vive em harmonia com sua própria luz interior. Essa independência é uma forma de proteção, pois ela impede que o gnóstico seja afetado pelas influências externas e permite que ele mantenha sua paz e seu equilíbrio, mesmo em meio às dificuldades.

A transcendência do mundo material também leva a uma transformação da forma como o gnóstico enxerga a realidade ao seu redor. Jesus ensina que, ao transcender as ilusões do Demiurgo, a alma começa a ver o mundo com os "olhos do espírito", percebendo a verdade por trás das aparências e experimentando um estado de clareza e de sabedoria. Essa nova visão permite que o gnóstico compreenda a interconexão entre todas as coisas e reconheça a presença do divino em cada aspecto da criação. Ao experimentar essa visão espiritual, o gnóstico se desapega das preocupações e dos medos que normalmente acompanham a vida no mundo físico, pois ele sabe que sua essência está além de qualquer limitação e que sua jornada é guiada pelo Deus Supremo.

A prática do perdão e da compaixão também são partes fundamentais do processo de transcendência. Jesus ensina que, ao transcender o mundo material, o gnóstico deve liberar todas as emoções negativas, como o rancor e o desejo de vingança, pois essas emoções o mantêm preso ao ego e às ilusões do Demiurgo. O perdão é uma forma de libertação, um ato de transcendência onde o gnóstico escolhe abandonar o passado e viver em harmonia com o presente. A compaixão, por sua vez, é uma expressão da conexão com o divino, uma manifestação da unidade que o gnóstico experimenta ao transcender a dualidade e ao viver em sintonia com o amor universal. Ao praticar o perdão e a compaixão, o gnóstico dissolve as barreiras do ego e experimenta a paz e a serenidade que vêm da união com o Deus Supremo.

A transcendência do mundo material culmina em um estado de desapego completo, onde o gnóstico vive no mundo sem ser afetado por ele. Jesus revela que esse estado de transcendência é o que permite que a alma experimente a liberdade e a paz que vêm da iluminação, uma condição de harmonia onde ela é guiada exclusivamente pela luz do espírito. Nesse estado, o gnóstico vê o mundo material como uma ilusão passageira, uma etapa temporária de sua jornada que ele deve atravessar com serenidade e sabedoria. Ao alcançar essa transcendência, o gnóstico se liberta de todas as limitações e vive em plena sintonia com o Deus Supremo, experimentando a verdade e a plenitude que vêm do conhecimento verdadeiro.

No Evangelho de Judas, a transcendência do mundo material é apresentada como um ato de libertação, uma prática de autoconhecimento e de desapego que permite à alma redescobrir sua verdadeira natureza e retornar ao pleroma. Jesus ensina que essa transcendência é possível para todos aqueles que buscam a verdade com sinceridade e que estão dispostos a superar as ilusões impostas pelo Demiurgo. Ao transcender o mundo material, o gnóstico experimenta a paz e a liberdade que vêm do espírito, uma experiência de união com o divino que representa o cumprimento de sua jornada espiritual.

Capítulo 32
Os Caminhos do Sofrimento e da Cura

No Evangelho de Judas e na tradição gnóstica, o sofrimento é compreendido como uma parte integral da experiência humana, mas não como uma condição inevitável ou final. Em vez disso, é visto como um chamado, uma força que impulsiona a alma a questionar o mundo material e a buscar sua verdadeira natureza divina. Jesus explica a Judas que o sofrimento, embora doloroso, pode servir como uma ferramenta de transformação espiritual. Ao entender o propósito do sofrimento e ao buscar a cura por meio do conhecimento e da gnose, o gnóstico encontra um caminho de libertação, transcendendo as dores e as limitações impostas pelo Demiurgo.

O gnosticismo ensina que o sofrimento surge principalmente da ignorância espiritual e do apego ao mundo material. As ilusões do Demiurgo fazem com que a alma se identifique com o corpo e com o ego, gerando desejos, temores e expectativas que nunca podem ser plenamente satisfeitos. Esse ciclo de insatisfação e apego ao transitório é uma fonte constante de dor e de angústia. Jesus revela que o sofrimento é, em grande parte, o resultado da identificação com o que é temporário e ilusório. Para o gnóstico, reconhecer essa verdade é o primeiro passo para a cura, pois ele compreende que sua dor não é uma condição essencial, mas uma consequência da separação de sua verdadeira natureza espiritual.

A cura gnóstica começa com o autoconhecimento e com a busca pelo entendimento profundo do que realmente significa ser. Ao iniciar essa jornada interior, o gnóstico observa suas dores e emoções, questionando suas origens e identificando as ilusões que as sustentam. Esse processo de auto-observação e de reflexão permite que a alma veja além das causas superficiais do sofrimento, percebendo que ele é alimentado pelo apego ao ego e pelas influências dos Arcontes. Jesus ensina a Judas que a verdadeira cura não está em evitar ou negar a dor, mas em compreendê-la e em transcendê-la por meio do conhecimento da própria natureza divina. Esse entendimento traz uma sensação de paz e de liberdade, pois a alma reconhece que sua verdadeira essência é imortal e imperturbável.

No caminho gnóstico, a meditação e o silêncio são práticas fundamentais para enfrentar o sofrimento e alcançar a cura. Ao silenciar a mente e se desligar das preocupações do mundo, o gnóstico cria um espaço interior onde pode observar suas dores sem se deixar dominar por elas. Nesse estado de quietude, ele experimenta uma paz que vai além das circunstâncias físicas e descobre que sua verdadeira essência está intacta e serena, mesmo em meio à dor. Jesus ensina que essa prática de silêncio e de desapego é uma forma de cura, pois ela permite que o gnóstico se reconecte com o Deus Supremo, experimentando uma paz que transcende as dores do corpo e as ansiedades da mente. Esse contato com o divino fortalece a alma e a ajuda a superar as dificuldades com coragem e serenidade.

A compaixão é outra ferramenta poderosa para a cura no caminho gnóstico. Ao desenvolver a compaixão por si mesmo e pelos outros, o gnóstico transforma sua visão do sofrimento, vendo-o não como uma punição, mas como uma oportunidade de crescimento e de entendimento. Jesus ensina que, ao cultivar a compaixão, o gnóstico dissolve o ressentimento e o rancor, emoções que intensificam a dor e o mantêm preso às influências do Demiurgo. A compaixão permite que o gnóstico olhe para suas próprias dores com um olhar de aceitação e de perdão, liberando a culpa e as mágoas que alimentam o sofrimento. Esse ato de compaixão é uma forma de cura profunda, pois ele permite que a alma se liberte das amarras emocionais que a mantêm prisioneira da dor.

O conhecimento da verdadeira natureza da alma é também uma fonte de cura no gnosticismo. Jesus revela a Judas que o espírito humano é uma extensão do Deus Supremo e que ele carrega uma luz que nenhuma escuridão pode apagar. Essa compreensão traz uma perspectiva diferente sobre o sofrimento, pois o gnóstico percebe que sua essência é imortal e intocável, independentemente das experiências dolorosas que ele enfrenta no mundo material. Ao reconhecer essa verdade, a alma encontra uma paz profunda, pois ela sabe que seu destino final é o retorno ao pleroma, onde não há dor nem separação. Essa visão traz uma cura espiritual que não depende das circunstâncias externas, pois ela é enraizada na certeza da própria eternidade e na unidade com o divino.

O caminho gnóstico ensina também que o sofrimento pode ser uma oportunidade de purificação, uma forma de liberar as ilusões e os apegos que impedem a alma de alcançar a iluminação. Jesus explica que, ao passar por experiências difíceis, o gnóstico é chamado a desapegar-se das coisas transitórias e a fortalecer sua conexão com o Deus Supremo. Esse processo de desapego é doloroso, mas ele traz uma purificação que permite que a alma brilhe com mais intensidade e que se aproxime de sua verdadeira essência. Ao ver o sofrimento como uma oportunidade de crescimento, o gnóstico não foge da dor, mas a enfrenta com coragem, usando-a como um meio de transformação e de fortalecimento espiritual.

A prática do perdão é também uma forma de cura no caminho gnóstico. Jesus ensina que o perdão é uma maneira de liberar as cargas emocionais e as mágoas que aprisionam a alma, impedindo-a de experimentar a paz e a liberdade que vêm do espírito. Ao perdoar, o gnóstico liberta-se das amarras do passado e permite que a luz do Deus Supremo ilumine seu coração. Esse ato de perdão é um processo de cura que transforma a dor em compreensão e em aceitação, permitindo que a alma avance em sua jornada de autoconhecimento e de superação. O perdão é, assim, uma ferramenta de libertação que dissolve as influências do ego e dos Arcontes, permitindo que o gnóstico viva em paz consigo mesmo e com o mundo.

A cura gnóstica também envolve a prática da gratidão, uma atitude que permite que o gnóstico encontre beleza e aprendizado em todas as experiências, inclusive nas dolorosas. Jesus ensina que, ao cultivar a gratidão, o gnóstico transforma sua visão da realidade, percebendo que cada experiência, mesmo as mais difíceis, é uma oportunidade de crescimento e de aproximação com o divino. A gratidão é uma forma de cura que enche a alma de paz e de contentamento, pois ela permite que o gnóstico veja além da dor e reconheça a presença do Deus Supremo em cada momento de sua vida. Esse estado de gratidão traz uma sensação de plenitude que não depende das circunstâncias externas, mas que vem da compreensão da própria essência divina.

Por fim, o gnosticismo ensina que a cura é alcançada através da união com o Deus Supremo. Jesus revela que o sofrimento é uma condição temporária que existe apenas no mundo material e que, ao se conectar com o divino, o gnóstico experimenta uma paz que transcende todas as dores. Essa união com o Deus Supremo é o objetivo final da jornada gnóstica, uma experiência de plenitude onde a alma se liberta de todas as limitações e se reintegra ao pleroma. Nesse estado de unidade, o gnóstico experimenta a cura completa, pois ele transcende a dualidade e vive em perfeita harmonia com o cosmos e com o divino. A cura, assim, é a experiência de retorno ao lar espiritual, onde a alma encontra a paz e a liberdade que buscava.

O caminho do sofrimento e da cura, portanto, é uma jornada de autodescoberta e de transcendência, onde o gnóstico transforma a dor em sabedoria e a limitações em liberdade. Jesus ensina que, ao compreender o propósito do sofrimento e ao buscar a cura por meio do conhecimento verdadeiro, o gnóstico encontra um estado de paz e de plenitude que vai além das dores do mundo. A cura gnóstica é, assim, um processo de iluminação, uma transformação que permite que a alma experimente sua própria eternidade e sua unidade com o Deus Supremo.

Capítulo 33
Simbolismo e Significados Secretos

No Evangelho de Judas e nos textos gnósticos, o simbolismo desempenha um papel central na revelação de verdades espirituais ocultas. Diferentemente dos símbolos superficiais que encontramos no mundo material, os símbolos gnósticos são chaves para um entendimento mais profundo e místico, permitindo que o gnóstico transcenda o plano físico e experimente a realidade espiritual. Esses símbolos servem como portais para a compreensão dos mistérios do universo e do Deus Supremo, ajudando o buscador a desvendar as camadas da existência e a perceber o que está além das aparências. Jesus revela a Judas que o simbolismo é uma linguagem oculta, compreendida apenas por aqueles que buscam a verdade com sinceridade e que têm o desejo de ir além das ilusões criadas pelo Demiurgo.

Um dos símbolos mais poderosos no gnosticismo é a luz, que representa o conhecimento e a presença divina do Deus Supremo. No Evangelho de Judas, a luz simboliza a gnose, o conhecimento sagrado que ilumina a escuridão da ignorância e das ilusões materiais. A luz é vista como uma extensão do pleroma, o reino espiritual de perfeição, onde reside o Deus Supremo e seus Eons. Ao buscar a luz, o gnóstico busca a sabedoria, o entendimento profundo que transcende as limitações impostas pelo Demiurgo. No entanto, essa luz não é uma fonte externa; ela está presente no interior da alma, aguardando para ser descoberta. Quando o gnóstico percebe que a luz faz parte de sua própria essência, ele começa a trilhar o caminho da iluminação, deixando para trás as ilusões que o aprisionavam.

Outro símbolo importante é a escuridão, que no gnosticismo não é simplesmente o oposto da luz, mas uma condição de ignorância espiritual. A escuridão simboliza o domínio do Demiurgo e dos Arcontes, que manipulam o mundo material e mantém a humanidade prisioneira da ilusão. No entanto, para o gnóstico, a escuridão também é um convite ao despertar. Ao reconhecer a escuridão que o cerca, o gnóstico é motivado a buscar a luz, a transcendência e o autoconhecimento. Essa luta entre luz e escuridão é um tema central nos textos gnósticos, refletindo o conflito interno que cada alma experimenta ao tentar superar as limitações do mundo material e alcançar o divino. A escuridão, portanto, não é um mal absoluto, mas uma condição que pode ser superada pelo conhecimento e pela verdade.

Os Eons, que fazem parte da cosmologia gnóstica, também têm um simbolismo profundo. Eles representam emanações divinas do Deus Supremo, manifestações de aspectos da verdade e da sabedoria que compõem o pleroma. Cada Eon simboliza uma virtude ou um conhecimento específico, como a paz, o amor, a compreensão e a sabedoria. Sophia, o Eon da sabedoria, é um símbolo particularmente significativo, pois ela representa a busca pelo entendimento e a curiosidade que leva a alma a questionar o mundo material. No gnosticismo, Sophia é vista como uma figura que se perde temporariamente na ignorância, mas que encontra seu caminho de volta ao divino. Sua jornada simboliza o caminho do gnóstico, que deve superar as ilusões do Demiurgo para redescobrir sua própria luz interior e retornar ao pleroma.

O símbolo da serpente também aparece frequentemente nos textos gnósticos, mas com um significado diferente do que é tradicionalmente atribuído a ela nas escrituras canônicas. No gnosticismo, a serpente é um símbolo ambíguo que pode representar tanto a astúcia e o engano quanto a sabedoria e o despertar. Na interpretação gnóstica, a serpente no Jardim do Éden, por exemplo, é vista como um portador de conhecimento, oferecendo à humanidade a oportunidade de perceber as limitações do Demiurgo e de buscar o verdadeiro Deus. A serpente, assim, simboliza o impulso pelo conhecimento e pela liberdade espiritual, um desejo de compreender a verdadeira natureza da realidade. No entanto, ela também é um símbolo de cautela, lembrando o gnóstico de que o conhecimento deve ser buscado com discernimento e humildade.

O símbolo da cruz, embora geralmente associado ao sofrimento e ao sacrifício, adquire um significado místico no gnosticismo. Para os gnósticos, a crucificação de Jesus é interpretada como um ato de libertação e de transcendência, onde o espírito supera as limitações do corpo e do mundo material. A cruz simboliza a junção entre o mundo físico e o espiritual, um ponto onde a alma deve abandonar suas amarras materiais para alcançar o Deus Supremo. Essa interpretação espiritual da cruz transforma a visão tradicional de sacrifício em uma metáfora para a ascensão espiritual, onde o gnóstico deve "morrer" para o ego e para as ilusões do mundo, renascendo na verdade do espírito. A cruz, então, é um símbolo de passagem, um marco na jornada do gnóstico em direção ao pleroma.

Outro símbolo significativo no Evangelho de Judas é o "mistério". O mistério, no contexto gnóstico, não é algo que deve ser resolvido ou compreendido de maneira lógica, mas um segredo espiritual que só pode ser experienciado através da gnose. Esse mistério representa a própria natureza do Deus Supremo e do pleroma, uma realidade que está além do entendimento humano e que só pode ser percebida por aqueles que transcendem o mundo material. Jesus revela a Judas que o mistério é uma verdade oculta, disponível apenas para aqueles que têm a coragem de buscar o conhecimento interior. Esse símbolo ensina ao gnóstico que a verdade é uma experiência direta e pessoal, um contato íntimo com o divino que vai além das palavras e das definições.

As figuras dos Arcontes também possuem um simbolismo profundo. Eles representam as forças que mantêm a alma cativa, seres que exercem controle sobre o mundo material e que se alimentam da ignorância humana. No gnosticismo, os Arcontes simbolizam os obstáculos internos e externos que impedem o despertar espiritual. Eles são manifestações dos desejos, medos e apegos que desviam a alma de sua busca pela verdade. Ao compreender o simbolismo dos Arcontes, o gnóstico aprende a reconhecer essas forças em sua própria vida, identificando as ilusões e as tentações que o mantêm prisioneiro. Esse entendimento permite que ele resista a essas influências, fortalecendo sua determinação de transcender o mundo material e de se conectar com o Deus Supremo.

Os símbolos gnósticos também incluem o próprio corpo humano, que é visto como uma prisão temporária para o espírito. No gnosticismo, o corpo representa as limitações da alma, uma forma física que obscurece sua verdadeira natureza divina. Jesus ensina que, para alcançar a libertação, o gnóstico deve entender o corpo como uma ferramenta temporária e aprender a desapegar-se de suas limitações e de seus desejos. Esse simbolismo do corpo como prisão incentiva o gnóstico a olhar além da aparência física e a buscar a essência espiritual que reside em seu interior. O corpo, então, torna-se um símbolo da jornada temporária da alma, uma forma que deve ser transcendida para que o espírito possa retornar ao pleroma.

No caminho gnóstico, o simbolismo e os significados secretos não são meras abstrações, mas guias práticos para a vida espiritual. Jesus ensina que, ao compreender os símbolos, o gnóstico se torna capaz de ver além das aparências e de perceber a verdade oculta no cotidiano. Esses símbolos são ferramentas de autoconhecimento e de iluminação, revelando ao gnóstico que cada aspecto de sua vida é uma oportunidade de crescimento e de aproximação com o divino. Ao decifrar os significados secretos, o gnóstico desenvolve uma visão espiritual, percebendo a unidade e a interconexão de todas as coisas, e experimentando uma harmonia que transcende as ilusões do mundo material.

Esses símbolos, portanto, não apenas inspiram o gnóstico em sua jornada, mas também lhe fornecem um mapa para o caminho de volta ao Deus Supremo. Ao explorar o simbolismo e ao buscar seus significados ocultos, o gnóstico descobre que o mundo material é repleto de mensagens e de lições, esperando para serem interpretadas e para guiá-lo na direção da verdade. Assim, os símbolos gnósticos são mais do que figuras ou representações; são portais que conectam o visível ao invisível, o humano ao divino, conduzindo a alma ao seu destino final no pleroma, onde ela encontrará a paz e a iluminação que tanto busca.

Capítulo 34
Alinhamento com o Divino

No Evangelho de Judas, Jesus ensina que a busca espiritual envolve um alinhamento profundo com a verdade divina, um processo de harmonização que leva o gnóstico a conectar-se com a essência suprema que permeia todas as coisas. O alinhamento com o divino não é uma simples obediência a rituais ou dogmas externos, mas uma transformação interna que permite que a alma vibre na mesma frequência do Deus Supremo. Esse processo de alinhamento é essencial para que o gnóstico alcance o estado de unidade e paz, superando as distrações do mundo material e das forças do Demiurgo. Judas, como confidente de revelações especiais, é instruído por Jesus sobre como se conectar com essa verdade divina e alcançar a harmonia espiritual.

Para alcançar o alinhamento com o divino, o gnóstico deve, antes de tudo, cultivar o silêncio interior. Jesus explica a Judas que o barulho do mundo físico e das preocupações materiais distrai a mente e obscurece a percepção espiritual. Ao silenciar seus pensamentos e emoções, o gnóstico é capaz de criar um espaço onde a voz do Deus Supremo pode ser ouvida, um sussurro que orienta a alma em direção à verdade. O silêncio não é apenas a ausência de palavras, mas um estado de paz onde a mente e o coração estão receptivos à luz. Esse estado permite que a alma abandone suas ilusões e se alinhe com a sabedoria divina, sentindo-se guiada por uma força maior em cada passo de sua jornada.

Outra prática fundamental para o alinhamento com o divino é a meditação. No gnosticismo, a meditação não é apenas uma prática de relaxamento, mas um meio de transcender o ego e de se conectar com a presença divina que habita em cada ser. Durante a meditação, o gnóstico visualiza a luz interior, concentrando-se no espírito que é uma emanação direta do Deus Supremo. Essa luz serve como uma âncora, lembrando ao praticante de sua verdadeira identidade e de sua conexão com o pleroma. Ao se concentrar nessa luz, o gnóstico se torna cada vez mais sintonizado com o divino, experimentando momentos de clareza e de paz que fortalecem sua determinação e o ajudam a superar as influências do Demiurgo e dos Arcontes.

    O amor e a compaixão também são aspectos essenciais do alinhamento com o divino, pois eles refletem a natureza do Deus Supremo, que é fonte de bondade e de harmonia. Jesus ensina que, ao cultivar o amor e a compaixão, o gnóstico começa a espelhar a luz divina, tratando todos os seres como expressões da mesma verdade espiritual. Esse amor incondicional é uma forma de transcendência, pois ele dissolve as barreiras do ego e promove a unidade com o todo. A compaixão, nesse contexto, não é uma emoção passageira, mas um estado de ser, uma manifestação da luz interior que irradia paz e compreensão para todos ao redor. O gnóstico que vive em compaixão está em harmonia com o divino, pois ele não vê os outros como separados de si mesmo, mas como parte de uma única realidade espiritual.

    O desapego é outro elemento fundamental no processo de alinhamento com o divino. Jesus ensina a Judas que o apego aos prazeres e às posses materiais mantém a alma presa às ilusões do Demiurgo, impedindo-a de experimentar a paz e a liberdade do espírito. O desapego, então, é uma prática de libertação, onde o gnóstico escolhe não se identificar com o que é temporário e transitório. Ao desapegar-se, ele experimenta uma leveza e uma tranquilidade que o aproximam do divino, pois ele percebe que sua verdadeira felicidade não depende de nada externo. Esse estado de desapego é uma forma de rendição, onde a alma confia plenamente na sabedoria do Deus Supremo e se entrega à vontade divina, sem medo ou hesitação.

O alinhamento com o divino também exige que o gnóstico viva com integridade e autenticidade, pois a verdade é a base do universo espiritual. Jesus explica que, para se conectar com o Deus Supremo, o gnóstico deve ser honesto consigo mesmo e com os outros, evitando as máscaras e os papéis que o ego cria para impressionar ou manipular. A autenticidade é uma prática de transparência, onde a alma se apresenta como realmente é, sem tentar esconder suas imperfeições ou realçar suas virtudes. Esse compromisso com a verdade fortalece o alinhamento com o divino, pois ele permite que a luz interior brilhe sem obstruções. A integridade, então, é um reflexo da unidade com o Deus Supremo, uma demonstração de que a alma está em harmonia com a verdade e com a sabedoria que vêm do pleroma.

A oração é outra prática que auxilia o gnóstico a alcançar o alinhamento com o divino. No gnosticismo, a oração não é um pedido de favores materiais, mas uma forma de comunhão com o Deus Supremo, um momento de gratidão e de entrega. A oração gnóstica é silenciosa e introspectiva, onde o gnóstico se volta para dentro e reconhece a presença do divino em seu próprio ser. Essa oração não segue fórmulas ou rituais, pois ela é uma expressão espontânea de devoção e de reverência. Ao orar, o gnóstico reafirma sua conexão com o divino, renovando seu compromisso com a verdade e com o caminho espiritual. A oração é, assim, um momento de reconexão, onde a alma se alinha com a luz e experimenta a paz que vem da proximidade com o Deus Supremo.

O serviço altruísta também é uma expressão do alinhamento com o divino, pois ele reflete o amor e a compaixão que emanam do pleroma. Jesus ensina que o gnóstico, ao ajudar os outros e ao agir com bondade, fortalece sua conexão com o divino e experimenta uma alegria que transcende as recompensas materiais. Esse serviço não é motivado por interesse ou por ego, mas por um desejo sincero de compartilhar a luz interior e de contribuir para o bem-estar de todos os seres. O altruísmo é uma prática de entrega, onde o gnóstico se coloca a serviço do Deus Supremo e da verdade, vivendo em harmonia com a natureza amorosa do universo. Ao agir com altruísmo, o gnóstico experimenta a unidade com o todo e sente que sua própria existência está em sintonia com a vontade divina.

No gnosticismo, o alinhamento com o divino é também uma prática de aceitação e de confiança. Jesus ensina que o caminho espiritual não é isento de desafios, mas que cada dificuldade é uma oportunidade de crescimento e de fortalecimento da fé. Ao aceitar as provações com serenidade e ao confiar na sabedoria do Deus Supremo, o gnóstico experimenta uma paz que não depende das circunstâncias externas. Essa confiança é uma expressão de rendição, onde a alma permite que o divino guie seu caminho e acolhe cada experiência como uma lição. A aceitação, então, é uma forma de alinhamento, pois ela permite que o gnóstico viva em harmonia com o fluxo da vida, sem resistência ou medo.

Por fim, o alinhamento com o divino culmina em um estado de unidade, onde o gnóstico experimenta uma paz e uma plenitude que transcendem o entendimento comum. Nesse estado, a alma sente-se em comunhão com o Deus Supremo e com o pleroma, percebendo que sua verdadeira natureza é a própria luz divina. Esse alinhamento não é apenas uma prática, mas um estado de ser, onde o gnóstico vive em completa sintonia com o universo e com a verdade espiritual. Esse estado de unidade é o objetivo final do caminho gnóstico, uma experiência de realização e de libertação onde a alma encontra a paz e a harmonia que tanto buscava.

Assim, o alinhamento com o divino é o processo de sintonizar a alma com a verdade, o amor e a paz do Deus Supremo. Jesus ensina que esse alinhamento é possível para todos aqueles que buscam a verdade com sinceridade e que estão dispostos a superar as ilusões do mundo material. Ao alinhar-se com o divino, o gnóstico experimenta uma vida de plenitude e de serenidade, pois ele sabe que sua essência está em sintonia com a luz e com a sabedoria do pleroma. Essa experiência de alinhamento é, então, o ponto culminante da jornada gnóstica, onde a alma encontra seu propósito e seu destino final no Deus Supremo.

Capítulo 35
Judas e a Redenção

Na tradição gnóstica, a figura de Judas é reinterpretada de maneira profunda e surpreendente, revelando uma compreensão alternativa sobre seu papel e sua natureza. Longe da imagem tradicional de traidor que a maioria dos evangelhos canônicos apresenta, o Evangelho de Judas oferece uma visão mais complexa, na qual Judas é o destinatário das revelações mais secretas e sagradas de Jesus. Este texto gnóstico revela Judas como alguém cuja trajetória não pode ser compreendida através dos julgamentos morais convencionais, pois ele representa a profundidade e o mistério do conhecimento oculto. A redenção de Judas, então, é um tema central nesse contexto, uma história que sugere que o ato que a tradição interpreta como traição pode, na verdade, ter sido uma entrega ao propósito divino.

Para entender a redenção de Judas, é essencial observar a complexa relação que ele mantém com Jesus. No Evangelho de Judas, Jesus confia a ele os mistérios mais profundos, ensinando-o sobre a natureza do cosmos, do Demiurgo e do verdadeiro Deus Supremo. Judas não é apenas um discípulo comum; ele é o receptáculo de segredos que nenhum outro discípulo poderia compreender. Este papel especial revela uma proximidade que transcende os padrões convencionais de mestre e aluno, uma relação construída sobre a confiança em uma missão espiritual maior. A redenção de Judas está, portanto, diretamente ligada ao conhecimento que ele recebe e à coragem de seguir o caminho que Jesus delineia para ele, mesmo sabendo que isso o tornará incompreendido aos olhos dos demais.

O conceito de redenção no gnosticismo difere do conceito tradicional. Para o gnóstico, a redenção não é uma absolvição de pecados, mas um despertar para a verdade que transcende o mundo material e suas limitações. Judas, ao aceitar o papel que lhe foi designado, demonstra uma compreensão avançada dessa redenção, pois ele vê além das ilusões do ego e das opiniões dos outros discípulos. O caminho de Judas é um caminho de sacrifício espiritual, onde ele aceita ser visto como traidor para cumprir um propósito maior. Jesus revela a ele que seu destino é essencial para o cumprimento do plano divino, uma verdade que só ele é capaz de entender completamente. Esse entendimento eleva Judas a um status único, onde sua redenção é alcançada por meio da aceitação de sua própria complexidade e de sua função no grande esquema do universo.

 A redenção de Judas está profundamente ligada ao conceito gnóstico de libertação da alma do mundo material. Ao "trair" Jesus, Judas está, na verdade, ajudando-o a transcender as limitações da carne, permitindo que ele complete sua missão espiritual. Esse ato simboliza a libertação da alma das amarras do corpo, uma metáfora para a própria jornada gnóstica de busca pela verdade e pela liberdade espiritual. Judas não entrega Jesus às autoridades por malícia ou por ignorância, mas por um entendimento profundo de que o sacrifício é necessário para que a luz do espírito se manifeste plenamente. Esse conhecimento permite que ele transcenda a moralidade superficial e alcance um entendimento mais profundo sobre a natureza da existência e sobre o propósito de cada alma.

 No caminho da redenção de Judas, é fundamental a ideia de autossacrifício. No gnosticismo, o verdadeiro sacrifício não é um ato de punição, mas uma renúncia ao ego e ao desejo de ser compreendido ou exaltado. Judas, ao assumir seu papel, sacrifica não apenas sua reputação, mas também a possibilidade de ser compreendido pelos outros discípulos e pela humanidade. Ele se entrega completamente ao plano divino, ciente de que sua imagem ficará para sempre marcada pela incompreensão. Esse autossacrifício é um ato de profunda humildade e de amor ao propósito maior, uma entrega que reflete a natureza divina em sua essência. Ao aceitar ser o "traidor" aos olhos do mundo, Judas alcança a redenção por meio da renúncia ao ego e da aceitação de sua verdadeira identidade espiritual.

A redenção de Judas não é, portanto, uma questão de perdão, mas de revelação e de iluminação. Ao aceitar o conhecimento que Jesus lhe confere, ele é capaz de ver além das aparências e de compreender a verdadeira natureza do plano divino. Esse conhecimento é sua salvação, pois ele o liberta das ilusões do Demiurgo e dos julgamentos do mundo material. Judas não busca ser compreendido ou absolvido; ele busca apenas cumprir seu papel na jornada espiritual de Jesus e de seus ensinamentos. Essa aceitação é o que lhe permite alcançar a paz e a liberdade que vêm do entendimento verdadeiro. Judas, então, torna-se um símbolo de redenção através da sabedoria, mostrando que a salvação gnóstica não é uma questão de julgamento, mas de compreensão e de alinhamento com o divino.

Jesus ensina a Judas que sua redenção será compreendida apenas por aqueles que estão prontos para ver além das ilusões materiais. Ele lhe revela que o ato de entrega é, na verdade, uma liberação, uma forma de ajudar a alma a se desprender das amarras da carne e a retornar ao pleroma. Para os gnósticos, essa redenção é um processo de despertar, onde a alma se torna ciente de sua própria eternidade e de sua conexão com o Deus Supremo. Judas, ao aceitar seu destino, demonstra uma compreensão profunda desse processo, pois ele sabe que sua missão é ajudar Jesus a completar sua própria jornada de iluminação. Sua redenção é, então, um exemplo de como o conhecimento verdadeiro e o autossacrifício levam à libertação.

O papel de Judas na tradição gnóstica desafia as noções tradicionais de bem e mal, mostrando que a redenção é uma questão de perspectiva e de propósito. Judas não é redimido por se arrepender de seu ato, mas por entender o significado profundo de seu papel na missão de Jesus. Essa visão gnóstica oferece uma compreensão mais ampla da redenção, onde o que importa não é a aparência dos atos, mas o conhecimento e a intenção por trás deles. Judas, com sua aceitação serena de seu destino, demonstra uma sabedoria que transcende o julgamento terreno, uma visão que lhe permite ver além das ilusões e experimentar a paz do conhecimento verdadeiro.

A redenção de Judas é um convite para que o gnóstico questione as interpretações superficiais e busque a verdade oculta por trás das aparências. Ao olhar para Judas como um símbolo de sacrifício consciente e de compreensão, o gnóstico é inspirado a refletir sobre seu próprio caminho e a buscar a libertação por meio do conhecimento e da aceitação de sua própria verdade. A história de Judas mostra que a redenção é um processo de autodescoberta e de conexão com o divino, uma jornada onde o sacrifício e o conhecimento conduzem à paz e à libertação final.

Capítulo 36
A Redescoberta de Judas

Dentro do contexto gnóstico, a figura de Judas surge como algo muito além do que as escrituras tradicionais sugerem. O Evangelho de Judas nos convida a uma redescoberta desse personagem, apresentando-o não como um traidor, mas como um modelo de autossacrifício consciente, guiado por uma sabedoria e uma fé que transcendiam as compreensões ordinárias. Essa visão transforma Judas em uma figura paradoxal, alguém cuja aparente transgressão esconde um propósito profundo, revelando mistérios espirituais que vão além do entendimento comum.

Jesus revela a Judas segredos do universo e da criação que não compartilha com nenhum outro discípulo, colocando-o em uma posição singular. Essa relação não é casual; representa uma conexão espiritual elevada, na qual Judas se torna o depositário de revelações divinas. Ele não é apenas um seguidor, mas o portador de uma sabedoria oculta, que desafia as interpretações comuns da realidade. Judas é convidado a ver além das aparências, a entender a natureza ilusória do mundo material e a discernir a verdade que está além do Demiurgo, o criador do mundo físico, mas não do verdadeiro reino espiritual.

A redescoberta de Judas envolve o reconhecimento de seu papel fundamental no plano de libertação espiritual que Jesus traz para o mundo. No gnosticismo, a realidade material é vista como uma prisão, uma ilusão criada para impedir que a alma alcance seu verdadeiro potencial. Para que Jesus transcendesse as limitações do corpo físico e retornasse ao pleroma — o reino de plenitude onde reside o Deus Supremo — era necessário que ele fosse "libertado" dessa prisão de carne. Judas, ao cumprir o papel que lhe fora confiado, facilita esse processo, atuando não como traidor, mas como um agente de liberação, permitindo que Jesus transcenda o mundo físico.

O caminho de Judas exige coragem e uma profunda compreensão espiritual. Ele aceita o destino que lhe foi designado, mesmo sabendo que isso o tornará incompreendido e amaldiçoado pelos outros. Judas entende que sua ação será vista como uma traição, mas ele também compreende que esse sacrifício é necessário para que a mensagem de Jesus possa ser plenamente manifestada. Essa entrega revela uma dimensão de fé e de fidelidade que transcende as preocupações com a imagem e com o julgamento humano, demonstrando que Judas possuía uma compreensão superior dos desígnios divinos. Ele está disposto a carregar a carga de sua ação, pois sabe que seu papel é essencial para a liberação de Jesus e para a iluminação daqueles que buscam a verdade.

A figura de Judas, assim, torna-se um exemplo de autossacrifício e de entrega a um propósito maior. O gnosticismo ensina que o verdadeiro caminho espiritual exige a renúncia ao ego, à necessidade de reconhecimento e à busca por aprovação. Judas representa essa renúncia em sua forma mais pura, pois ele sabe que será incompreendido e rejeitado, mas aceita seu destino com serenidade. Sua entrega é um ato de amor e de confiança no plano divino, uma aceitação de sua parte no processo de iluminação e de redenção. A redescoberta de Judas é, então, uma oportunidade para revermos o significado do sacrifício, não como um castigo ou uma perda, mas como um caminho de ascensão espiritual e de integração com o divino.

Para o gnóstico, a história de Judas é um lembrete de que a busca pela verdade muitas vezes exige que se vá contra as interpretações superficiais e que se abra mão das convenções e dos julgamentos do mundo. A jornada espiritual é repleta de paradoxos e de desafios que só podem ser compreendidos plenamente por aqueles que estão dispostos a ver além das aparências. A redescoberta de Judas nos convida a questionar nossas percepções e a buscar um entendimento mais profundo, reconhecendo que a verdade muitas vezes se esconde nas sombras e nas complexidades da existência. Assim, Judas emerge como um símbolo de sabedoria oculta, um guardião de mistérios que só podem ser revelados aos que têm a coragem de buscar a luz dentro de si mesmos.

Judas, ao aceitar seu papel, mostra uma disposição em seguir um caminho difícil, sem medo do julgamento ou da condenação. Essa atitude reflete a coragem necessária para trilhar o caminho gnóstico, onde o conhecimento é alcançado por meio da superação das ilusões e das restrições impostas pelo Demiurgo. A redenção de Judas, portanto, não está em uma absolvição ou em um perdão, mas no reconhecimento de que ele cumpriu seu papel com fidelidade e sabedoria. A redescoberta de sua história oferece uma visão alternativa da salvação, uma que não se baseia em julgamento ou em absolvição, mas em conhecimento e em compreensão da verdade.

Ao aceitar seu destino, Judas mostra que o caminho espiritual pode exigir escolhas difíceis e uma confiança inabalável na verdade que transcende o mundo físico. A redescoberta de Judas, então, é uma lembrança de que a jornada espiritual é, muitas vezes, incompreendida, mas que o verdadeiro buscador não teme o julgamento humano. Ele busca a aprovação do Deus Supremo e age em alinhamento com a verdade que percebe em seu interior. Judas, ao entregar-se ao propósito divino, representa a vitória da verdade sobre a aparência, da sabedoria sobre o medo, e da luz sobre a escuridão.

A figura de Judas no Evangelho de Judas é uma inspiração para aqueles que buscam a verdade em meio à confusão e às ilusões do mundo. Ele é um símbolo da coragem necessária para seguir o caminho do conhecimento verdadeiro, mesmo que isso signifique enfrentar a incompreensão e a rejeição. A redescoberta de Judas é uma lição sobre o valor da autenticidade e da fé no propósito divino, um chamado para que o gnóstico aceite seu próprio caminho, mesmo que ele seja difícil e solitário.

Em última análise, a história de Judas é uma história de redenção através do conhecimento e do sacrifício. Ele nos ensina que a verdade espiritual nem sempre é evidente e que, às vezes, é preciso coragem para aceitar o papel que nos foi designado pelo divino. A redescoberta de Judas é uma oportunidade de ver além das narrativas tradicionais e de reconhecer que, na busca pela verdade, nem tudo é o que parece. Judas, com sua entrega e seu compromisso, permanece como um farol para os que desejam transcender as limitações do mundo e encontrar a verdadeira paz e unidade no Deus Supremo.

Capítulo 37
Aplicação do Conhecimento Gnóstico na Vida Diária

No gnosticismo, o conhecimento espiritual não é reservado apenas para meditações e rituais isolados, mas é destinado a transformar a experiência cotidiana. A sabedoria que surge da gnose, o conhecimento verdadeiro, convida o praticante a cultivar uma perspectiva que integre o divino com cada aspecto de sua vida. Essa aplicação prática do conhecimento gnóstico permite que o buscador viva em sintonia com sua essência e em harmonia com o mundo ao seu redor, mesmo enquanto ele busca transcender as ilusões materiais. A jornada de Judas com Jesus não é apenas uma troca mística e distante da realidade, mas uma lição viva de como o conhecimento transformador pode moldar as escolhas e as ações de uma pessoa no mundo físico.

O primeiro aspecto da aplicação do conhecimento gnóstico é a consciência constante. O gnosticismo ensina que, para viver alinhado com o divino, o buscador deve observar e questionar continuamente suas próprias ações, pensamentos e emoções. Essa prática de autoconsciência permite que ele reconheça os impulsos e as reações influenciadas pelo ego, desvelando as camadas de apego e ilusão que o prendem ao mundo material. Ao fazer isso, o gnóstico aprende a agir com intenção e a escolher respostas que reflitam a luz de sua essência espiritual, em vez de ser guiado pelas reações automáticas do ego. Essa vigilância interior torna-se um modo de vida, uma forma de manter-se consciente de sua conexão com o Deus Supremo e de evitar as armadilhas impostas pelo Demiurgo.

A prática do desapego é outra aplicação essencial do conhecimento gnóstico na vida diária. No gnosticismo, o desapego não implica rejeitar ou abandonar tudo o que é material, mas, sim, viver sem se identificar com as posses, as aparências ou o status. O gnóstico entende que tudo no mundo físico é transitório e que a verdadeira paz só pode ser encontrada ao se desvencilhar das demandas incessantes do ego. Esse desapego permite que ele experimente a liberdade e a leveza de viver sem medo da perda ou da carência, pois sua segurança reside no conhecimento de sua conexão com o divino. Ao cultivar o desapego, o gnóstico vive no mundo sem ser escravizado por ele, movendo-se com serenidade e contentamento.

Outro aspecto fundamental é a prática do amor e da compaixão, que refletem a essência do Deus Supremo. O gnosticismo ensina que todos os seres são emanações da mesma fonte divina e, portanto, ao agir com bondade e compaixão, o gnóstico expressa a unidade e a harmonia que ele encontrou em sua jornada espiritual. Esse amor não é limitado a um círculo restrito, mas se estende a todos os seres, reconhecendo o valor espiritual em cada um. O gnóstico pratica a compaixão não como um ideal moral, mas como uma expressão natural de sua essência. Esse estado de compaixão amplia seu senso de comunidade e sua responsabilidade para com o mundo, levando-o a agir para o bem-estar de todos, sabendo que cada ação tem impacto na harmonia do cosmos.

A aplicação do conhecimento gnóstico também envolve a prática de discernimento, a capacidade de distinguir entre o que é verdadeiro e o que é ilusório. O gnosticismo ensina que o mundo material é cheio de enganos, projetados pelo Demiurgo e pelos Arcontes para manter a alma em estado de confusão e ignorância. Por isso, o gnóstico precisa desenvolver uma visão clara e penetrante, que lhe permita ver além das aparências e das promessas superficiais do mundo. Esse discernimento guia suas escolhas e decisões, ajudando-o a evitar armadilhas que o afastariam de sua verdade interior. Com o discernimento, o gnóstico aprende a valorizar o que é essencial e a se afastar do que é efêmero e vazio.

A integridade é outro valor central que o gnóstico aplica em sua vida diária. Jesus ensina que o conhecimento verdadeiro exige honestidade consigo mesmo e com os outros. O gnóstico pratica a integridade ao agir de acordo com suas convicções e sua compreensão espiritual, evitando falsidades e manipulações. Ele sabe que cada ato de desonestidade ou de hipocrisia fortalece o domínio do Demiurgo, que se alimenta de enganos e de ilusões. Ao viver com integridade, o gnóstico se alinha com a verdade e se aproxima da luz divina, pois ele expressa em suas ações a mesma clareza e pureza que ele busca alcançar em sua alma. A integridade torna-se, assim, uma prática diária, um compromisso com a verdade que o liberta das amarras do ego e o aproxima do Deus Supremo.

A gratidão é também um componente importante da aplicação do conhecimento gnóstico na vida diária. Embora o gnosticismo ensine que o mundo material é uma criação imperfeita do Demiurgo, o gnóstico reconhece que cada experiência, mesmo aquelas de dor e de sofrimento, pode oferecer uma lição espiritual. Ao cultivar a gratidão, ele aprende a aceitar cada momento como uma oportunidade de crescimento e de entendimento. Essa atitude de gratidão dissolve ressentimentos e queixas, permitindo que o gnóstico experimente uma paz interior que não depende das circunstâncias externas. A gratidão se torna, assim, uma prática que o fortalece e o ajuda a manter-se centrado em sua jornada espiritual.

Outro ponto fundamental é o serviço altruísta, onde o gnóstico aplica seu conhecimento ao ajudar outros seres a despertar e a encontrar seu próprio caminho de retorno ao divino. O gnosticismo valoriza o altruísmo como uma expressão da unidade e da interconexão de todas as coisas. Ao servir, o gnóstico não está apenas ajudando o outro, mas também fortalecendo sua própria compreensão da verdade. Esse serviço pode se manifestar de várias formas, seja através de ensinamentos, de apoio emocional ou de ações práticas que aliviem o sofrimento. O serviço altruísta é uma forma de aplicação do conhecimento gnóstico, pois ele permite que o gnóstico coloque em prática a compaixão, o desapego e o amor ao próximo, qualidades essenciais para a realização espiritual.

Por fim, o conhecimento gnóstico também é aplicado na vida diária através da busca constante pela verdade. O gnosticismo ensina que a jornada espiritual nunca termina e que o conhecimento é um processo contínuo de descoberta e de iluminação. O gnóstico vive cada dia como uma oportunidade de aprender mais sobre si mesmo e sobre o cosmos, mantendo sua mente aberta e seu coração receptivo à sabedoria. Ele reconhece que cada momento de sua vida, cada interação e cada desafio podem revelar uma nova dimensão do divino. Essa busca incessante pela verdade é o que mantém o gnóstico em harmonia com o Deus Supremo, guiando-o em sua jornada de retorno ao pleroma.

A aplicação do conhecimento gnóstico na vida diária, portanto, transforma cada momento em uma oportunidade de crescimento espiritual. Jesus ensina que a verdadeira sabedoria é aquela que se reflete nas ações e nas escolhas, e que a gnose deve ser vivida e não apenas compreendida intelectualmente. Ao aplicar o conhecimento em sua vida cotidiana, o gnóstico não apenas fortalece sua conexão com o divino, mas também contribui para a elevação espiritual do mundo ao seu redor, tornando-se uma luz que guia outros em direção ao Deus Supremo.

Capítulo 38
Amor e Compaixão no Gnosticismo

No gnosticismo, o amor e a compaixão transcendem os sentimentos superficiais e representam uma essência profunda que emana do Deus Supremo. Diferentemente das formas de afeto comuns que são muitas vezes movidas pelo ego e pelas necessidades materiais, o amor gnóstico é uma expressão da unidade entre todas as almas, refletindo a conexão que todas as criaturas têm com a fonte divina. Esse amor é tanto uma força transformadora quanto um guia no caminho espiritual, ajudando o gnóstico a encontrar paz e harmonia enquanto busca se libertar das ilusões do Demiurgo.

O amor, nesse contexto, não é limitado ou condicional. Ele se manifesta como uma energia que ultrapassa as barreiras físicas e mentais, sendo uma força que une tudo o que existe, apesar das ilusões e das divisões impostas pelo mundo material. Jesus ensina que o amor verdadeiro é uma qualidade do Deus Supremo, uma energia que flui ininterruptamente e que não depende de circunstâncias externas. Essa concepção de amor é essencial para a libertação espiritual, pois o praticante que é capaz de amar incondicionalmente se aproxima de sua essência divina, experimentando uma conexão profunda com a verdade e a paz.

A compaixão, por sua vez, é vista como uma manifestação prática desse amor divino. Para o gnóstico, a compaixão é mais do que um sentimento passageiro; é um estado de consciência onde o indivíduo percebe o sofrimento do outro como se fosse seu próprio. No gnosticismo, a compaixão é um ato de sabedoria, pois ela permite que o gnóstico veja além das aparências e reconheça a unidade essencial entre todas as almas. Esse estado de compaixão dissolve as barreiras do ego, levando o gnóstico a agir com bondade e compreensão. A compaixão, assim, torna-se uma forma de aplicar o conhecimento espiritual na vida cotidiana, ajudando o praticante a agir de acordo com a verdade que ele experimenta em sua jornada de autoconhecimento.

A prática do amor e da compaixão no gnosticismo envolve um constante exercício de autopercepção e de desapego. Para amar incondicionalmente, o gnóstico deve desapegar-se de julgamentos, expectativas e necessidades que alimentam o ego. Essa prática não significa ignorar as próprias necessidades, mas sim deixar de lado o desejo de controlar ou de manipular o outro. Jesus ensina que o amor verdadeiro é uma forma de liberdade, pois ele não impõe condições ou expectativas. Esse amor permite que o gnóstico veja o outro em sua essência, reconhecendo nele a mesma luz divina que ele busca em si mesmo.

A compaixão, no gnosticismo, também é uma forma de superar o sofrimento. Jesus revela que, ao cultivar a compaixão, o gnóstico transforma o sofrimento em entendimento e em empatia. A dor deixa de ser algo isolado e individual, tornando-se uma ponte que conecta todas as almas. Essa compreensão permite que o gnóstico libere ressentimentos e mágoas, vendo nas dificuldades uma oportunidade de crescimento e de aproximação com o divino. A compaixão transforma o sofrimento em uma fonte de força e de sabedoria, pois ela permite que o gnóstico olhe para além das limitações do ego e perceba a presença do Deus Supremo em cada ser.

No caminho gnóstico, o amor e a compaixão também são formas de resistência contra as influências do Demiurgo e dos Arcontes. Esses seres, que representam as forças da ignorância e da divisão, tentam manter a alma presa ao ego e ao isolamento. Ao cultivar o amor e a compaixão, o gnóstico dissolve as influências do Demiurgo, pois ele deixa de ver o outro como um competidor ou uma ameaça e passa a enxergá-lo como um reflexo do divino. Esse estado de unidade e de compreensão enfraquece as amarras do mundo material, permitindo que a alma experimente uma liberdade que não pode ser alcançada através de bens ou de realizações externas.

A prática do amor e da compaixão exige um compromisso constante com a verdade e com o conhecimento de si mesmo. No gnosticismo, o amor não é uma emoção superficial, mas uma forma de viver em harmonia com a própria essência. Jesus ensina que, para amar verdadeiramente, o gnóstico deve primeiro conhecer e aceitar sua própria sombra, pois só assim ele poderá entender e aceitar o outro. Essa aceitação de si mesmo é uma forma de compaixão interior, onde o gnóstico perdoa suas próprias falhas e limitações. Ao fazer isso, ele é capaz de estender essa mesma compaixão ao outro, reconhecendo que todos estão em uma jornada de aprendizado e de autodescoberta.

O amor e a compaixão no gnosticismo também são vistos como um reflexo da sabedoria de Sophia, o Eon da sabedoria. Sophia representa o entendimento que transcende a lógica e o julgamento, uma sabedoria que acolhe e que compreende todas as coisas. Jesus ensina que, ao cultivar o amor e a compaixão, o gnóstico se alinha com Sophia, permitindo que a sabedoria guie suas ações e suas escolhas. Essa sabedoria é uma forma de discernimento espiritual, onde o gnóstico vê além das aparências e é capaz de responder ao mundo com paciência e com compreensão. O amor e a compaixão, assim, tornam-se práticas de iluminação, onde o gnóstico experimenta a unidade e a harmonia do pleroma.

Em última análise, o amor e a compaixão são o destino final da jornada gnóstica. Quando a alma se liberta das amarras do ego e do mundo material, ela experimenta um estado de paz e de união com o Deus Supremo, onde não há mais divisão ou sofrimento. Esse estado de unidade é o que o gnóstico busca ao praticar o amor e a compaixão, pois ele sabe que essas qualidades são o reflexo mais puro da luz divina. Ao alcançar esse estado, o gnóstico não apenas se aproxima do divino, mas também se torna um canal de luz para os outros, ajudando-os a despertar e a encontrar sua própria conexão com o Deus Supremo.

Portanto, o amor e a compaixão são mais do que virtudes; são a expressão do conhecimento verdadeiro e do alinhamento com a essência divina. No gnosticismo, essas práticas são tanto o caminho quanto o objetivo, pois elas refletem a unidade e a harmonia do pleroma, o estado de perfeição que todas as almas anseiam alcançar.

Capítulo 39
Rituais de Purificação Espiritual

No gnosticismo, os rituais de purificação espiritual são práticas fundamentais para aqueles que buscam a libertação do mundo material e das influências do Demiurgo. Diferente dos rituais externos ou puramente simbólicos, essas práticas são profundamente transformadoras, pois trabalham diretamente com a alma, ajudando-a a dissolver as impurezas e os apegos que a mantêm prisioneira das ilusões. Purificar-se significa voltar-se para a essência e abandonar aquilo que é falso ou transitório. Esse processo de limpeza é uma preparação para o retorno ao pleroma, o reino da luz e da perfeição, onde reside o Deus Supremo.

A purificação espiritual começa com a introspecção, onde o gnóstico examina suas emoções, pensamentos e intenções. Esse processo exige uma honestidade radical, pois o praticante deve estar disposto a enfrentar as partes de si mesmo que ele normalmente evita. Jesus ensina que a ignorância sobre si mesmo é uma das maiores causas de sofrimento, pois impede o gnóstico de entender a verdade de sua própria essência. Ao explorar essas sombras, o gnóstico encontra aspectos do ego que precisam ser transformados, identificando os bloqueios que o afastam da paz e da sabedoria. Esse ato de autoconhecimento é o primeiro passo para a purificação, pois permite que o praticante libere as energias densas que impedem sua conexão com o divino.

A meditação é uma prática essencial nos rituais de purificação, pois ela ajuda a alma a se desprender das distrações e das influências do mundo material. Durante a meditação, o gnóstico se concentra em sua respiração e em sua luz interior, conectando-se com o centro de seu ser, onde reside o espírito divino. Esse estado de silêncio e de quietude permite que o praticante observe seus próprios pensamentos e emoções sem se apegar a eles. Essa prática de desapego é uma forma de purificação mental, pois ela dissolve as ilusões e as preocupações que mantêm a mente presa ao ego. A meditação leva a alma a um estado de clareza, onde ela pode experimentar a paz que vem do contato direto com o Deus Supremo.

O jejum também é um ritual de purificação importante no gnosticismo, pois ele simboliza a renúncia aos desejos do corpo e a busca por uma experiência espiritual mais elevada. Ao abster-se de alimentos ou de outros prazeres temporários, o gnóstico demonstra sua disposição de transcender as necessidades físicas e de focar sua energia no desenvolvimento espiritual. O jejum não é apenas uma privação; é uma oportunidade de limpar o corpo e a mente das influências que o mantêm preso ao mundo material. Durante o jejum, o gnóstico experimenta uma leveza que o ajuda a se aproximar de sua verdadeira natureza, percebendo que sua essência é independente do corpo físico. Essa prática, então, é um meio de elevar a consciência, purificando a alma das limitações impostas pelo ego e pelo desejo.

A visualização é outro aspecto importante nos rituais de purificação gnósticos. Jesus ensina que o poder da mente é essencial na criação da realidade, e que, ao visualizar a luz divina, o gnóstico pode purificar sua aura e seu campo energético. Durante essa prática, o gnóstico imagina uma luz radiante envolvendo seu corpo, dissolvendo todas as energias negativas e impurezas. Essa luz é uma representação do Deus Supremo, e ao visualizá-la, o praticante se conecta com a fonte de todo conhecimento e amor. A visualização da luz não apenas limpa o campo energético do gnóstico, mas também eleva sua frequência, aproximando-o do estado de paz e de harmonia que ele busca em sua jornada espiritual.

O uso de mantras e de cânticos sagrados também é comum nos rituais de purificação espiritual. O som é visto como uma força criadora, uma vibração que pode transformar e elevar a consciência. Ao entoar mantras, o gnóstico se sintoniza com frequências mais elevadas, dissolvendo as energias negativas que o mantêm preso ao mundo material. Esses cânticos são projetados para despertar a luz interior, uma vibração que ressoa com a verdade e que purifica a alma. Ao usar mantras, o gnóstico experimenta uma sensação de leveza e de paz, pois ele harmoniza seu ser com a energia divina. Esse processo de purificação sonora é uma forma de alinhar a alma com o pleroma, preparando-a para retornar ao Deus Supremo.

Outro ritual importante é o banho de purificação, uma prática que simboliza a lavagem das impurezas físicas e espirituais. Esse banho pode ser feito com água pura ou com ervas específicas que possuem propriedades energéticas. Durante o banho, o gnóstico concentra-se na intenção de limpar seu corpo e sua alma de todas as influências negativas, imaginando que a água leva consigo todas as energias densas e impuras. Essa prática é tanto um ato físico quanto espiritual, pois o gnóstico reconhece a água como um elemento sagrado que conecta o mundo material com o divino. Ao realizar esse ritual, o gnóstico experimenta uma renovação, sentindo-se leve e preparado para se conectar com o Deus Supremo.

A prática do perdão é também um elemento essencial nos rituais de purificação espiritual. No gnosticismo, o perdão não é apenas uma maneira de liberar o outro, mas uma forma de purificar a alma das mágoas e dos ressentimentos que a prendem ao passado. Jesus ensina que o perdão é uma chave para a paz, pois ele dissolve as amarras emocionais que nos mantêm presos ao ego. Ao perdoar, o gnóstico experimenta uma liberdade interior que o aproxima do estado de amor incondicional do Deus Supremo. O perdão é, então, uma forma de purificação emocional, onde a alma se liberta dos pesos que a impedem de avançar em sua jornada espiritual.

Os rituais de purificação espiritual no gnosticismo não são apenas práticas isoladas, mas formas de cultivar uma conexão constante com o divino. Cada prática de purificação ajuda o gnóstico a se desprender das ilusões e das influências que o afastam de sua essência, criando um estado de paz e de clareza que o aproxima do Deus Supremo. Através desses rituais, o gnóstico experimenta a leveza de uma alma purificada, uma sensação de unidade com o divino que transcende as limitações do mundo material.

Assim, a purificação espiritual torna-se um processo contínuo, uma jornada onde cada prática aproxima o gnóstico de sua verdade e de sua luz.

Capítulo 40
A Busca pela Unidade

No contexto do gnosticismo, a busca pela unidade não é apenas um ideal ou uma aspiração espiritual, mas o verdadeiro caminho para a redenção e para o retorno ao pleroma, o reino da perfeição divina. Esta unidade não se refere apenas à paz ou à harmonia que o mundo físico pode oferecer, mas a uma fusão profunda e intencional com o Deus Supremo, o fundamento último do conhecimento e da sabedoria. Cada passo no caminho gnóstico tem como objetivo essa unidade, em que a alma reconhece sua origem divina e transcende completamente as barreiras do Demiurgo e das ilusões do mundo material.

A experiência de unidade começa com o reconhecimento da própria essência como parte da criação divina, como uma expressão direta da energia e do amor do Deus Supremo. Jesus revela que a unidade é, na verdade, um retorno ao estado original, um processo de relembrança e de reencontro com a fonte que tudo sustenta. Para o gnóstico, o processo de buscar essa unidade é simultaneamente um caminho de autoconhecimento e de descoberta de sua própria divindade. É uma jornada na qual o gnóstico deixa de ver a si mesmo como separado do universo e começa a experimentar a vida como parte de um todo maior.

Esse caminho de unidade é também um processo de desapego. No gnosticismo, as estruturas e as atrações do mundo físico são vistas como criações do Demiurgo, projetadas para prender a alma ao ciclo de ignorância e sofrimento. Para experimentar a unidade, o gnóstico precisa se desprender dessas ilusões, que criam a ilusão da separação. Este desapego vai além da renúncia material, envolvendo uma libertação do ego e das identidades construídas que reforçam a separação. O praticante, assim, começa a ver a si mesmo e aos outros não como seres individuais isolados, mas como manifestações da mesma fonte divina.

O amor, nesse processo, é visto como a própria substância da unidade. No gnosticismo, o amor não é um sentimento passageiro ou uma emoção que surge e desaparece; é a essência da criação, a energia que liga todos os seres ao Deus Supremo. Jesus ensina que, ao amar de maneira incondicional, o gnóstico dissolve as barreiras do ego e experimenta um estado de união com o outro. Esse amor incondicional é uma expressão direta da unidade divina, pois ele transcende as divisões do mundo físico e cria uma conexão direta entre as almas. Através do amor, o gnóstico percebe que não há realmente separação, pois todos os seres são extensões do mesmo princípio divino.

A compaixão é outra manifestação dessa unidade e uma prática que o gnóstico cultiva em sua busca pela integração com o divino. A compaixão permite que o praticante veja o sofrimento dos outros como uma parte de sua própria experiência, reconhecendo que todos compartilham a mesma essência e as mesmas dores e alegrias universais. No gnosticismo, a compaixão não é apenas um ato de bondade, mas uma expressão de sabedoria, pois ela reflete o entendimento de que a separação é uma ilusão. Ao cultivar a compaixão, o gnóstico dissolve as barreiras emocionais e experimenta uma empatia que transcende o ego, ajudando-o a se conectar com os outros de maneira genuína e profunda.

A meditação é uma prática fundamental para a busca da unidade, pois ela ajuda o gnóstico a silenciar as distrações do mundo material e a voltar-se para a verdade interior. Durante a meditação, o praticante se concentra na luz interior, que representa o espírito divino dentro dele. Ao mergulhar nesse estado de quietude, ele experimenta uma sensação de expansão, onde a separação entre ele e o cosmos desaparece, e ele sente a presença do Deus Supremo em seu próprio ser. Essa prática permite que o gnóstico tenha vislumbres da unidade, fortalecendo sua conexão com o divino e proporcionando uma paz que transcende as limitações da mente e do corpo.

A entrega é outro aspecto essencial da busca pela unidade. No gnosticismo, o caminho espiritual envolve a rendição completa ao Deus Supremo, uma aceitação plena de que tudo faz parte de um plano maior e perfeito. Jesus ensina que a resistência e o controle são ilusões criadas pelo ego e pelo Demiurgo, e que a verdadeira liberdade só pode ser encontrada na entrega ao divino. Ao abandonar o desejo de controlar o curso dos acontecimentos e de impor suas próprias vontades, o gnóstico experimenta uma sensação de unidade e de paz que só pode ser alcançada através da confiança e da aceitação. Essa entrega é um reconhecimento de que, no nível mais profundo, ele já é parte do Deus Supremo, e que sua jornada é apenas uma lembrança desse estado original.

A prática do perdão também desempenha um papel importante na busca pela unidade. O perdão é uma forma de purificação espiritual, pois ele dissolve as mágoas e os ressentimentos que alimentam o ego e reforçam a ilusão da separação. Jesus ensina que o perdão não é apenas uma forma de libertar o outro, mas também um meio de libertar a si mesmo das correntes emocionais que o prendem ao mundo material. Ao perdoar, o gnóstico experimenta uma leveza e uma paz que o aproximam do estado de unidade, pois ele abandona o passado e vive plenamente no presente, onde a conexão com o Deus Supremo é mais intensa.

Para o gnóstico, a busca pela unidade também envolve o serviço altruísta. O gnosticismo ensina que, ao ajudar os outros, o praticante fortalece sua própria conexão com o divino, pois ele vê no outro uma expressão do mesmo Deus Supremo. O serviço altruísta é uma prática de humildade e de amor, onde o gnóstico coloca o bem-estar do próximo acima de seus próprios interesses. Esse serviço não é um ato de sacrifício, mas uma expressão da unidade, pois ele reconhece que, ao ajudar o outro, ele está ajudando a si mesmo. Essa prática permite que o gnóstico experimente a alegria e a paz que vêm da unidade com o todo, sentindo-se como uma extensão do amor divino.

Por fim, a busca pela unidade culmina em um estado de paz e de plenitude, onde o gnóstico sente que sua essência está em perfeita harmonia com o cosmos e com o Deus Supremo. Esse estado de unidade é o objetivo final da jornada gnóstica, onde a alma se liberta das limitações e das ilusões do mundo material e encontra seu verdadeiro lar no pleroma. A busca pela unidade é, então, um processo de retorno, onde o gnóstico relembra sua verdadeira natureza e experimenta a paz e a felicidade que vêm do contato direto com o divino.

Através dessa jornada de unidade, o gnóstico se aproxima do Deus Supremo e experimenta uma vida de paz e de harmonia.

Capítulo 41
O Papel do Silêncio na Gnose

No caminho gnóstico, o silêncio emerge como uma prática fundamental para o desenvolvimento da gnose, o conhecimento que transcende as limitações do mundo material e as ilusões do ego. Jesus, ao compartilhar seus ensinamentos com Judas e outros poucos discípulos, reforça a importância do silêncio como um portal para acessar verdades espirituais profundas. O silêncio, nesse contexto, não é apenas a ausência de som ou uma interrupção temporária de palavras; ele é um estado de ser, uma pausa sagrada onde a alma encontra espaço para ouvir a "voz interna", a fonte de sabedoria que reside no âmago do ser.

O gnosticismo ensina que o mundo físico, dominado pelo Demiurgo, está repleto de ruídos que distraem e obscurecem a mente, afastando o praticante de sua essência. Esse ruído não é apenas o som externo, mas também os pensamentos e as emoções que, ao serem dominados pelo ego, formam uma barreira para a verdadeira compreensão. O silêncio, então, surge como uma prática de purificação mental, um processo de esvaziamento das distrações internas e externas que impede o gnóstico de experimentar a clareza que vem da luz interior. O objetivo do silêncio é alcançar um estado onde a mente, livre das preocupações e dos desejos materiais, possa tornar-se receptiva à presença do Deus Supremo.

A prática do silêncio exige disciplina e intenção. No gnosticismo, o silêncio não é passivo; ele requer uma vigilância constante sobre os próprios pensamentos e uma escolha deliberada de manter a quietude interna. Para o gnóstico, o silêncio é o espaço onde a gnose pode florescer, pois ele permite que o espírito supere as limitações impostas pela mente racional. Jesus ensina que, ao abraçar o silêncio, o gnóstico começa a reconhecer a presença do divino em si mesmo, percebendo que a verdadeira sabedoria não vem de fontes externas, mas da revelação que ocorre no íntimo do ser.

Além de ser um meio de ouvir a própria voz interior, o silêncio também proporciona uma conexão mais profunda com o cosmos e com os mistérios do pleroma. Quando o gnóstico entra em estado de silêncio, ele dissolve as barreiras do ego e experimenta uma sensação de expansão, onde sua consciência se unifica com a energia do universo. Essa experiência é uma forma de comunhão com o divino, onde o praticante sente que seu espírito está em harmonia com o Deus Supremo e que ele é parte de um todo maior. Essa unidade, que só pode ser percebida no silêncio, é a própria essência da gnose, a experiência de um conhecimento direto e transformador.

O silêncio, no entanto, não é apenas uma prática individual, mas um ato de humildade. Ao silenciar suas palavras e seus pensamentos, o gnóstico reconhece a limitação do ego e se abre para receber a sabedoria que vem do Deus Supremo. Jesus revela que a sabedoria verdadeira não pode ser obtida através de argumentos ou debates, pois ela transcende a linguagem e os conceitos humanos. O silêncio é, portanto, um reconhecimento de que o conhecimento gnóstico não pode ser compreendido plenamente pela mente racional, mas deve ser experimentado no nível espiritual, onde a linguagem se dissolve e apenas a intuição e a revelação permanecem.

Práticas de silêncio, como a meditação, são fundamentais para desenvolver essa capacidade de introspecção. Durante a meditação silenciosa, o gnóstico observa seus pensamentos sem se envolver com eles, permitindo que as ondas mentais se acalmem e que a mente entre em um estado de quietude. Esse silêncio mental é onde o gnóstico começa a perceber a diferença entre o que é passageiro e o que é eterno, entre o que pertence ao mundo do Demiurgo e o que é reflexo do Deus Supremo. A meditação se torna, assim, uma prática de discernimento, onde o gnóstico aprende a diferenciar a voz do ego da voz do espírito.

O silêncio também prepara o gnóstico para ouvir e perceber o sagrado na vida cotidiana. No gnosticismo, cada momento oferece uma oportunidade para o despertar, e o silêncio permite que o praticante se torne mais sensível aos sinais e às revelações que o Deus Supremo oferece em seu caminho. Esse estado de atenção silenciosa transforma a maneira como o gnóstico experimenta o mundo, pois ele deixa de ver a vida como uma sequência de eventos desconexos e passa a percebê-la como uma sinfonia onde cada acontecimento tem um propósito. A prática do silêncio permite que o gnóstico esteja presente em cada momento, reconhecendo que o divino se manifesta não apenas nas grandes revelações, mas também nos detalhes sutis da existência.

A contemplação é outro aspecto do silêncio, uma prática que envolve observar e refletir sem a necessidade de chegar a conclusões imediatas. A contemplação é um estado de abertura onde o gnóstico permite que o conhecimento surja naturalmente, sem forçá-lo. Jesus ensina que o entendimento espiritual é como uma semente que cresce no silêncio, e que forçar a compreensão é como tentar abrir uma flor antes de seu tempo. Ao contemplar, o gnóstico permite que a verdade revele-se em seu próprio ritmo, sabendo que o Deus Supremo guia esse processo e que a verdadeira sabedoria floresce na paciência e na quietude.

No gnosticismo, o silêncio é também uma preparação para o encontro com o divino. Muitos gnósticos acreditam que, ao atingir um estado de silêncio interior profundo, a alma se torna digna de receber visões e revelações diretamente do Deus Supremo ou dos Eons, as emanações da luz divina. Esse estado de receptividade é alcançado não através de esforços externos, mas pela purificação e pela tranquilidade interna. O gnóstico que cultiva o silêncio cria um espaço onde o divino pode se manifestar, experimentando a unidade e a paz que vêm de estar em comunhão direta com o pleroma.

O silêncio, portanto, é mais do que uma prática; é uma expressão da busca gnóstica por retornar ao estado de pureza e de unidade com o Deus Supremo. Jesus ensina que, ao cultivar o silêncio, o gnóstico se aproxima de sua própria essência e se torna mais capaz de reconhecer a luz interior que o guia em sua jornada espiritual. O silêncio permite que a alma liberte-se das amarras do Demiurgo e experimente a paz do pleroma, onde não há necessidade de palavras ou de explicações, pois a verdade se faz presente em sua forma mais pura.

Dessa forma, o silêncio é uma prática central na busca gnóstica, uma ferramenta para o autoconhecimento e para a realização espiritual. Através do silêncio, o gnóstico acessa a gnose, o conhecimento que o liberta e o conduz de volta ao Deus Supremo, experimentando a paz e a iluminação que vêm do contato direto com a verdade.

Capítulo 42
A Conexão entre Corpo e Espírito

No gnosticismo, o corpo e o espírito coexistem em uma relação complexa, marcada por uma dualidade que reflete o conflito entre o mundo material e o mundo divino. Essa dualidade, contudo, não é irreconciliável, e o corpo não é visto apenas como uma prisão para o espírito, mas também como um veículo temporário que permite à alma aprender e evoluir. Jesus ensina a Judas que a existência física, apesar de estar sob a influência do Demiurgo, oferece uma oportunidade de crescimento espiritual e de descoberta da verdade oculta. Essa concepção permite que o gnóstico veja o corpo não como algo a ser rejeitado, mas como uma parte essencial de sua jornada espiritual.

Para o gnóstico, o corpo representa a manifestação do mundo material, criado pelo Demiurgo e sujeito a limitações e imperfeições. Ele é o instrumento através do qual o espírito experimenta o mundo físico, com todas as suas sensações, desafios e tentações. No entanto, a verdadeira essência do ser humano reside no espírito, a centelha divina que provém do Deus Supremo e que carrega em si o potencial para retornar ao pleroma, o reino da luz e da perfeição. Essa dualidade corpo-espírito é um lembrete constante de que a vida material é transitória e que o propósito último da existência é a elevação espiritual.

A relação entre o corpo e o espírito exige do gnóstico um equilíbrio cuidadoso. Por um lado, ele deve evitar a identificação excessiva com o corpo e seus desejos, pois essa identificação o afasta de sua verdadeira natureza. Por outro, ele precisa cuidar de seu corpo com respeito e consideração, pois ele é o templo onde o espírito reside temporariamente. Esse equilíbrio envolve um estado de desapego saudável, onde o gnóstico reconhece as necessidades do corpo sem se deixar dominar por elas. O corpo é visto como um aliado na busca pela verdade, um meio de experimentar o mundo sem ser preso a ele.

As práticas de autocuidado, como uma alimentação equilibrada e o sono adequado, são formas de manter o corpo em harmonia com o espírito. Essas práticas não visam a gratificação ou o prazer, mas sim criar um ambiente onde o espírito possa operar com clareza e eficiência. Jesus ensina que o corpo, quando tratado com respeito e cuidado, pode se tornar um canal para o conhecimento divino, permitindo que o gnóstico experimente a paz e a harmonia que vêm do alinhamento entre corpo e espírito. A atenção ao bem-estar físico, então, é uma forma de honrar o espírito, reconhecendo que o cuidado com o corpo contribui para a clareza mental e para a abertura espiritual.

A respiração é uma das práticas que conectam o corpo ao espírito e que ajudam o gnóstico a experimentar a unidade entre ambos. No gnosticismo, a respiração é vista como o elo entre o mundo físico e o mundo espiritual, um processo que simboliza a troca constante entre a vida material e a vida divina. Ao respirar de forma consciente, o gnóstico traz o espírito para o momento presente, experimentando uma sensação de paz e de conexão com o divino. Essa prática simples, mas poderosa, permite que o gnóstico acalme a mente e alcance um estado de quietude interior, onde ele pode ouvir a voz do espírito e experimentar sua verdadeira essência.

A meditação é outro método essencial para aprofundar a conexão entre corpo e espírito. Durante a meditação, o gnóstico direciona sua atenção para o interior, deixando de lado as distrações do mundo externo e das sensações corporais. Nesse estado de introspecção, ele experimenta a presença do espírito dentro de si, reconhecendo que sua verdadeira identidade não é definida pelo corpo ou pelas circunstâncias físicas. A meditação permite que o gnóstico se liberte temporariamente das limitações do corpo, proporcionando uma experiência de transcendência e de comunhão com o Deus Supremo. Esse estado de consciência elevada fortalece a conexão entre corpo e espírito, ajudando o gnóstico a viver com mais equilíbrio e propósito.

O movimento consciente, como a prática de exercícios físicos moderados, também é valorizado no caminho gnóstico. O gnosticismo não ensina a negação completa do corpo, mas sim uma integração harmoniosa onde o movimento físico se torna uma forma de meditação e de autoconhecimento. Ao mover-se com consciência, o gnóstico experimenta a presença do espírito em cada ação, reconhecendo que seu corpo é um instrumento sagrado através do qual ele interage com o mundo. Esse movimento não é feito para conquistar ou para competir, mas para aprofundar a conexão com o corpo e fortalecer a presença do espírito.

A cura do corpo é, igualmente, um aspecto importante da jornada gnóstica. No gnosticismo, a saúde física é vista como um reflexo do estado espiritual, e muitas doenças são compreendidas como manifestações de desequilíbrios internos. O gnóstico busca cuidar de seu corpo através da purificação espiritual e do equilíbrio emocional, reconhecendo que o bem-estar físico e o bem-estar espiritual estão profundamente interligados. Jesus ensina que, ao curar o espírito, o corpo também se beneficia, experimentando uma renovação e uma vitalidade que surgem da conexão com o divino. Esse processo de cura é uma forma de harmonizar corpo e espírito, permitindo que o gnóstico viva de maneira plena e em sintonia com o propósito divino.

O gnosticismo ensina que o corpo pode ser um aliado no caminho da iluminação, desde que o gnóstico evite a identificação excessiva com ele. O corpo é uma ferramenta temporária, mas necessária, que permite ao espírito aprender, crescer e experimentar o mundo. Ao abraçar essa perspectiva, o gnóstico é capaz de viver no mundo sem ser dominado por ele, experimentando a realidade física sem se perder nela. Essa relação equilibrada entre corpo e espírito é uma expressão da sabedoria gnóstica, que reconhece a importância de integrar ambos os aspectos da existência na busca pela verdade.

Essa integração entre corpo e espírito se reflete também na prática do serviço altruísta, onde o gnóstico usa seu corpo como um veículo para ajudar os outros e para manifestar o amor divino. O serviço aos outros é uma forma de transcender as limitações do ego, permitindo que o espírito se expresse através do corpo em ações de compaixão e de generosidade. Ao servir, o gnóstico experimenta uma conexão profunda com o divino, pois ele deixa de lado suas próprias preocupações e se entrega ao propósito maior de sua existência. Essa prática de serviço é uma forma de purificar o corpo e o espírito, permitindo que ambos se alinhem com o Deus Supremo e experimentem a paz que vem do amor incondicional.

No fim, o gnóstico reconhece que a verdadeira essência do ser não está limitada ao corpo, mas que ele pode usá-lo como um meio para alcançar a compreensão espiritual e a conexão com o divino. A relação entre corpo e espírito é uma dança sagrada, onde cada um contribui para a experiência de vida e para a realização da alma.

Capítulo 43
Desenvolvendo a Visão Interior

No gnosticismo, a visão interior é considerada uma das faculdades mais importantes para o buscador que deseja transcender as limitações do mundo material e acessar as verdades espirituais. Esse "olho interno" é uma percepção profunda e intuitiva que permite ao gnóstico enxergar além das aparências, discernindo a realidade espiritual que está além do mundo físico e das ilusões do Demiurgo. Jesus revela a Judas que o desenvolvimento dessa visão interior é essencial para compreender o verdadeiro propósito da vida e para desvendar os mistérios do cosmos. Para o gnóstico, essa visão é a chave que abre o caminho para o conhecimento divino, possibilitando uma experiência direta com o Deus Supremo e com o pleroma, o reino da plenitude espiritual.

O primeiro passo para desenvolver a visão interior é a purificação da mente e do coração. No gnosticismo, acredita-se que a mente, ao estar dominada pelas preocupações e pelos desejos materiais, fica turva e incapaz de perceber a verdade que reside em seu âmago. Por isso, o gnóstico deve praticar o desapego e a introspecção, esvaziando-se das distrações e das preocupações terrenas. Esse processo de purificação envolve uma atenção cuidadosa aos próprios pensamentos e emoções, com o objetivo de remover os bloqueios internos que impedem a clareza espiritual. A visão interior só pode florescer em um campo de mente serena, onde as ilusões do ego foram dissolvidas e a luz do espírito pode brilhar sem obstruções.

A meditação é uma das práticas mais eficazes para desenvolver essa visão interior. Durante a meditação, o gnóstico se concentra em sua respiração e em seu centro espiritual, permitindo que a mente se aquiete e que a percepção se aprofunde. Esse estado de quietude proporciona uma experiência de paz interior, onde o gnóstico começa a perceber a presença do divino em si mesmo. Jesus ensina que, ao mergulhar na profundidade do silêncio, o praticante pode vislumbrar a verdade que transcende as palavras e os conceitos, uma verdade que só pode ser compreendida através da experiência direta. A meditação se torna, assim, uma janela para o mundo espiritual, uma abertura através da qual a visão interior se expande e o gnóstico pode experimentar a luz do Deus Supremo.

A visualização também é uma prática poderosa para o desenvolvimento da visão interior. Ao visualizar a luz divina dentro de si, o gnóstico cria uma imagem mental que representa sua conexão com o pleroma e com o Deus Supremo. Essa luz interior é uma manifestação da essência divina que reside no âmago de cada ser, e ao focar-se nela, o gnóstico fortalece sua ligação com o mundo espiritual. A visualização permite que o praticante experimente essa conexão de maneira concreta, sentindo a presença do divino dentro de si e expandindo sua percepção além das limitações do corpo e da mente. Essa prática desperta a visão interior, permitindo que o gnóstico experimente a realidade espiritual de forma cada vez mais clara e profunda.

Outra técnica fundamental para o desenvolvimento da visão interior é o uso de perguntas contemplativas. No gnosticismo, a busca pela verdade envolve questionamentos profundos que conduzem o praticante a explorar as camadas ocultas de sua consciência. Ao perguntar a si mesmo "Quem sou eu?" ou "Qual é o propósito da minha existência?", o gnóstico convida sua visão interior a emergir, explorando as profundezas de sua própria alma em busca de respostas. Essas perguntas não têm respostas racionais ou superficiais; elas são chaves que abrem as portas para o autoconhecimento e para a experiência direta com o divino. A visão interior se desenvolve quando o gnóstico aprende a contemplar essas questões com sinceridade e com humildade, permitindo que a verdade se revele de forma espontânea.

A intuição é também um aspecto essencial da visão interior. No gnosticismo, a intuição é vista como uma orientação que vem do espírito, uma sabedoria inata que permite ao gnóstico perceber a verdade mesmo quando ela não é evidente. Jesus ensina que a intuição é uma voz silenciosa que reside no coração, uma orientação que o conecta diretamente com o Deus Supremo e que o protege das ilusões do Demiurgo. Para desenvolver essa intuição, o gnóstico precisa aprender a ouvir e a confiar em sua própria voz interior, reconhecendo que a verdade muitas vezes se manifesta de forma sutil e inesperada. A intuição é, portanto, um reflexo da visão interior, uma percepção que transcende a lógica e que permite ao gnóstico seguir seu caminho com confiança e clareza.

O discernimento espiritual é outro aspecto importante da visão interior. O gnóstico deve ser capaz de distinguir entre as influências do ego e as orientações do espírito, reconhecendo que nem todos os pensamentos e sentimentos são expressões de sua essência verdadeira. Esse discernimento envolve uma vigilância constante sobre os próprios impulsos e motivações, uma prática de autoconhecimento que permite ao gnóstico separar o que é passageiro e ilusório do que é eterno e verdadeiro. Jesus ensina que o discernimento espiritual é uma habilidade que se desenvolve com o tempo e com a prática, e que é essencial para o caminho gnóstico. A visão interior permite que o praticante perceba a verdade por trás das aparências, ajudando-o a tomar decisões que estejam alinhadas com sua essência divina.

A prática do silêncio também é essencial para a visão interior. No gnosticismo, o silêncio é visto como um estado de receptividade, uma pausa onde a alma pode se abrir para receber a sabedoria do Deus Supremo. Quando o gnóstico silencia sua mente e acalma seus pensamentos, ele cria um espaço onde a visão interior pode florescer, onde a verdade pode se revelar sem obstruções. O silêncio é, assim, uma forma de ouvir a voz do espírito, uma prática que permite ao gnóstico acessar um nível de percepção que transcende as limitações da mente racional. A visão interior, nesse estado de quietude, se torna uma janela para o divino, uma abertura para a verdade que reside além das palavras e das explicações.

Por fim, o desenvolvimento da visão interior exige uma disposição sincera para enfrentar as próprias sombras e para aceitar a verdade sem medo. No caminho gnóstico, o conhecimento verdadeiro é revelado apenas àqueles que estão dispostos a olhar para dentro de si mesmos, reconhecendo suas próprias limitações e suas ilusões. A visão interior não é apenas uma percepção espiritual, mas também uma prática de coragem, onde o gnóstico aceita ver aquilo que é difícil ou desconfortável. Jesus ensina que a verdade é libertadora, mas que ela exige uma entrega completa, uma disposição para abandonar as ilusões e para abraçar a luz do Deus Supremo.

O desenvolvimento da visão interior é, portanto, um caminho de autoconhecimento e de iluminação. Essa visão permite que o gnóstico veja além das aparências, percebendo a presença do divino em todas as coisas e experimentando uma conexão direta com o pleroma. A visão interior é o meio pelo qual o gnóstico acessa a gnose, o conhecimento verdadeiro que o liberta das limitações do mundo material e o conduz de volta ao Deus Supremo.

Capítulo 44
O Caminho da Sabedoria

No gnosticismo, a sabedoria é mais do que uma mera acumulação de conhecimento; ela é uma jornada transformadora, um caminho que conduz o buscador a um entendimento profundo e direto das realidades espirituais que governam o universo. Essa sabedoria, frequentemente representada pelo Eon Sophia, é uma das emanações do Deus Supremo e desempenha um papel fundamental na cosmologia gnóstica. Sophia é a personificação da sabedoria divina e, ao mesmo tempo, a manifestação do desejo de retornar à fonte original. Para o gnóstico, seguir o caminho da sabedoria é aprender a navegar pelas verdades ocultas do cosmos, ultrapassando as ilusões impostas pelo Demiurgo e encontrando o caminho de volta ao pleroma, o reino da luz.

O caminho da sabedoria começa com o reconhecimento de que o mundo material, como o conhecemos, é apenas uma projeção imperfeita da verdadeira realidade. Jesus ensina que o conhecimento deste mundo é limitado e enganador, uma construção do Demiurgo e de seus Arcontes para manter as almas presas a ciclos de ignorância. O gnóstico, então, deve desenvolver uma visão crítica, um olhar que vai além da superfície e que questiona as aparências. A sabedoria, neste contexto, é a habilidade de discernir o que é eterno e verdadeiro, separando-o do que é temporário e ilusório. Esse discernimento permite que o buscador se aproxime da luz divina, enquanto renuncia aos enganos e às limitações do mundo físico.

O processo de busca pela sabedoria envolve a integração das experiências de vida com o conhecimento espiritual. No gnosticismo, o sofrimento e os desafios não são vistos como punições, mas como oportunidades de aprendizado e de crescimento. Jesus revela que a verdadeira sabedoria surge quando o buscador é capaz de transformar a dor e as dificuldades em lições que fortalecem sua conexão com o Deus Supremo. Ao passar por provações e superar os desafios do ego e do mundo material, o gnóstico experimenta uma maturidade espiritual que o aproxima do estado de plenitude do pleroma. Esse processo de transformação pessoal é fundamental no caminho da sabedoria, pois ele revela a capacidade do espírito de transcender as circunstâncias externas e de encontrar a paz no interior.

A humildade é outro aspecto essencial no caminho da sabedoria. Para o gnóstico, a sabedoria não é uma conquista do ego, mas um presente que vem da conexão com o divino. Jesus ensina que o conhecimento verdadeiro só pode ser acessado por aqueles que estão dispostos a abandonar as pretensões e a buscar a verdade com um coração aberto. A humildade permite que o gnóstico reconheça suas próprias limitações e se mantenha receptivo à orientação espiritual. Essa atitude de humildade não significa submissão ou passividade, mas uma disposição sincera de aprender e de crescer em harmonia com o Deus Supremo. A sabedoria é, então, um processo contínuo de abertura e de receptividade, onde o buscador se aproxima da luz sem se apegar a noções rígidas ou a dogmas.

O silêncio e a contemplação são práticas que auxiliam o gnóstico a acessar essa sabedoria interior. No caminho da sabedoria, a mente precisa aprender a se aquietar, permitindo que a intuição e a voz do espírito se manifestem. A contemplação é um estado de atenção silenciosa, onde o gnóstico observa o fluxo de seus próprios pensamentos e emoções sem se identificar com eles. Esse estado de consciência permite que o praticante entre em contato com uma sabedoria que transcende a mente racional, uma compreensão intuitiva que vem da presença do divino dentro de si. Jesus revela que o conhecimento verdadeiro só pode ser compreendido no silêncio, onde a alma pode ouvir as verdades que estão além das palavras e dos conceitos humanos.

A comunhão com o Eon Sophia é um aspecto central do caminho da sabedoria, pois ela representa o anseio da alma de retornar ao Deus Supremo. No gnosticismo, Sophia é vista como um guia espiritual, uma presença que inspira o gnóstico a buscar a verdade e a se libertar das ilusões. Esse relacionamento com Sophia é mais do que uma adoração; é uma aliança profunda, uma busca pela verdade que ressoa com o próprio desejo de iluminação do gnóstico. Ao entrar em contato com Sophia, o praticante experimenta uma sabedoria que o liberta dos medos e das dúvidas, fortalecendo sua fé na jornada de retorno ao pleroma. Essa comunhão é uma fonte de coragem e de clareza, pois ela reafirma que a busca pela sabedoria é também uma jornada de reencontro com o divino.

A intuição desempenha um papel importante no desenvolvimento da sabedoria. O gnóstico aprende a confiar em sua própria percepção interna, reconhecendo que a verdade nem sempre é evidente aos olhos ou à mente racional. A intuição é a manifestação da sabedoria do espírito, uma forma de conhecimento que surge espontaneamente e que transcende a lógica. Jesus ensina que o caminho da sabedoria envolve uma entrega à intuição, uma disposição para seguir a orientação do espírito mesmo quando o caminho parece incerto. Ao desenvolver essa confiança na intuição, o gnóstico se torna mais capaz de navegar pelas complexidades do mundo material sem se perder em suas ilusões.

A prática do serviço ao próximo também é uma expressão da sabedoria gnóstica. O gnóstico entende que a sabedoria verdadeira não é algo que se mantém isolado, mas uma luz que deve ser compartilhada para beneficiar todos os seres. Jesus ensina que o serviço aos outros é uma forma de fortalecer a própria conexão com o Deus Supremo, pois ele permite que o gnóstico experimente a unidade e o amor divino em ação. Ao ajudar os outros, o praticante não apenas exerce sua sabedoria, mas também purifica seu coração e fortalece sua própria busca pela verdade. O serviço é, portanto, uma prática que enriquece o caminho da sabedoria, pois ele demonstra o compromisso do gnóstico com o bem-estar universal e com a harmonia espiritual.

O perdão é outro aspecto importante da sabedoria gnóstica. No caminho da sabedoria, o gnóstico aprende que o perdão é uma forma de se libertar das correntes emocionais que o prendem ao ego e ao mundo material. Jesus ensina que o perdão dissolve as barreiras do ego e permite que a alma experimente a paz e a liberdade que vêm do amor incondicional. Ao perdoar, o gnóstico se purifica das mágoas e dos ressentimentos que obscurecem sua visão espiritual, tornando-se mais receptivo à sabedoria que reside em seu interior. O perdão, então, não é apenas uma ação moral, mas uma prática que fortalece a conexão com o divino e que abre espaço para a manifestação da sabedoria.

Por fim, o caminho da sabedoria culmina em um estado de paz e de união com o Deus Supremo. O gnóstico que percorre esse caminho experimenta uma transformação interior, uma libertação das ilusões e uma compreensão profunda da realidade espiritual. A sabedoria, nesse estado, não é mais uma busca, mas uma presença constante, uma luz que ilumina cada pensamento, cada ação e cada intenção. Esse estado de sabedoria plena é a realização da gnose, o conhecimento que liberta e que conduz a alma de volta ao pleroma, onde ela encontra sua verdadeira essência em harmonia com o Deus Supremo.

Capítulo 45
Liberdade Espiritual

Para o gnóstico, a liberdade espiritual é o destino final da jornada de autoconhecimento, uma libertação das amarras do mundo material e das ilusões do Demiurgo que prendem a alma ao ciclo de ignorância e sofrimento. Essa liberdade transcende qualquer conceito de liberdade física ou mental, pois não se trata apenas de escapar de limitações externas, mas de uma transformação profunda que permite à alma desvincular-se das restrições impostas pelo ego e pelo desejo. Jesus ensina que a verdadeira liberdade está além do alcance das leis e dos sistemas criados pelo Demiurgo, residindo em um estado de consciência onde a alma se encontra em comunhão com o Deus Supremo, livre de qualquer ilusão e em perfeita paz.

O primeiro passo para alcançar essa liberdade espiritual é o desapego. No gnosticismo, o apego às coisas materiais é visto como uma das principais correntes que prendem a alma ao mundo físico. Ao acumular bens, buscar status ou viver em função de prazeres transitórios, o gnóstico se afasta de sua essência verdadeira e se torna refém de uma realidade criada para aprisioná-lo. O desapego, então, não é um ato de renúncia ao mundo, mas uma escolha consciente de não se identificar com ele. Jesus ensina que a liberdade espiritual só pode ser encontrada por aqueles que aprendem a deixar de lado o desejo de possuir e de controlar, vivendo com leveza e aceitando a impermanência de todas as coisas.

A prática do desapego envolve uma reeducação dos desejos e uma introspecção profunda sobre as motivações internas. O gnóstico deve aprender a reconhecer e a transformar os desejos que surgem do ego, direcionando sua energia para a busca do conhecimento e da verdade. Essa transformação dos desejos não significa suprimi-los, mas sim transmutá-los em aspirações espirituais. Ao invés de buscar satisfazer o ego, o gnóstico passa a cultivar um anseio por compreender sua própria essência e por conectar-se com o divino. Esse processo de reorientação dos desejos é fundamental para alcançar a liberdade espiritual, pois ele permite que o praticante viva de maneira íntegra e alinhada com o propósito de sua alma.

Outro aspecto essencial da liberdade espiritual é a libertação do medo. No gnosticismo, o medo é uma ferramenta utilizada pelo Demiurgo e pelos Arcontes para manter as almas sob controle, pois ele impede o indivíduo de explorar o desconhecido e de buscar sua própria verdade. O medo da morte, da perda e do sofrimento aprisiona a mente, criando barreiras que impedem o crescimento espiritual. Jesus revela que, para alcançar a liberdade verdadeira, o gnóstico deve vencer esses medos, reconhecendo que sua essência é eterna e que nada pode realmente prejudicar seu espírito. A libertação do medo é, portanto, um ato de coragem e de confiança no Deus Supremo, uma escolha consciente de viver sem as limitações impostas pelo ego e pelas ameaças do mundo material.

A prática do perdão também é uma forma de experimentar a liberdade espiritual. O perdão permite que o gnóstico libere as correntes emocionais que o prendem ao passado, dissolvendo ressentimentos e mágoas que obscurecem sua visão espiritual. Jesus ensina que o perdão é um ato de libertação, pois ele permite que o praticante abandone as cargas emocionais que o mantêm preso ao sofrimento e à raiva. Ao perdoar, o gnóstico experimenta uma leveza e uma paz que o aproximam do estado de liberdade, permitindo que sua alma se eleve acima das preocupações mundanas e experimente a plenitude do amor incondicional. Esse ato de perdoar não apenas purifica o coração, mas também fortalece a conexão com o Deus Supremo, criando um estado de liberdade onde a alma pode descansar em paz.

A meditação é outra prática que conduz o gnóstico à liberdade espiritual. Durante a meditação, o praticante se concentra no presente momento, libertando-se das preocupações com o passado e com o futuro. Esse estado de presença proporciona uma experiência de paz e de clareza, onde a mente se acalma e o espírito se revela em sua pureza. A meditação é uma forma de liberar a mente das distrações e dos desejos que a mantêm presa ao mundo material, permitindo que o gnóstico experimente um estado de consciência onde ele sente a liberdade e a expansão de sua verdadeira essência. Esse estado meditativo é um vislumbre da liberdade espiritual, um momento onde o praticante experimenta a leveza e a paz que vêm da conexão com o divino.

A aceitação é também uma parte importante do caminho para a liberdade espiritual. O gnóstico compreende que muitos aspectos da vida estão além de seu controle, e que resistir a esses eventos cria sofrimento e reforça a ilusão de separação. Jesus ensina que a aceitação é uma forma de abandonar o ego e de se render à sabedoria do Deus Supremo. Ao aceitar a impermanência e a mudança, o gnóstico experimenta uma liberdade interna, uma paz que vem do reconhecimento de que tudo faz parte de um plano maior. A aceitação permite que o praticante viva com serenidade, experimentando a realidade sem se apegar a ela, e criando um estado de espírito onde ele está sempre em paz, independentemente das circunstâncias externas.

A liberdade espiritual também envolve o desenvolvimento de uma visão crítica em relação ao mundo material. O gnóstico reconhece que a realidade física é uma projeção do Demiurgo, e que muitas das estruturas e normas sociais foram criadas para manter as almas sob controle. Ao desenvolver essa consciência, o gnóstico aprende a questionar as normas e os valores que lhe foram impostos, escolhendo viver de acordo com sua própria verdade interior. Essa autonomia é uma expressão da liberdade espiritual, pois ela permite que o praticante siga seu próprio caminho sem ser influenciado pelo medo ou pelo desejo de conformidade. A liberdade espiritual, então, não é apenas uma experiência interna, mas também uma forma de viver de maneira autêntica, fiel à própria essência.

Por fim, a liberdade espiritual culmina em uma experiência de união com o Deus Supremo. No gnosticismo, a liberdade é vista como o retorno ao pleroma, o reino da plenitude onde a alma reencontra sua verdadeira essência e experimenta a paz completa. Essa união com o divino é o estado final de liberdade, onde o gnóstico transcende as limitações do mundo material e experimenta a presença do Deus Supremo em cada aspecto de sua existência. Jesus ensina que essa liberdade é o estado natural da alma, uma condição que sempre esteve presente, mas que foi obscurecida pelas ilusões do ego e do Demiurgo. Ao alcançar essa liberdade espiritual, o gnóstico experimenta um estado de felicidade e de paz que nada neste mundo pode abalar.

A liberdade espiritual, assim, é mais do que uma meta; é uma forma de ser que permeia todos os aspectos da vida do gnóstico. Essa liberdade permite que ele viva em harmonia com o divino, experimentando a paz que vem do desapego e da aceitação, e vivendo com autenticidade e amor.

Capítulo 46
Vencendo as Provações Espirituais

No caminho gnóstico, as provações espirituais não são meras dificuldades ou obstáculos, mas portais de transformação, destinados a purificar e fortalecer a alma em sua jornada para o conhecimento e a união com o divino. Cada provação é uma oportunidade de transcender as limitações do ego, das ilusões e dos apegos ao mundo material, libertando a alma das amarras do Demiurgo. Jesus revela a Judas que essas provações são necessárias para que o buscador atinja um nível mais elevado de compreensão e de pureza, pois somente aqueles que enfrentam suas sombras e superam suas fraquezas podem alcançar a plenitude espiritual. Para o gnóstico, enfrentar as provações espirituais é um ato de coragem e de fé, uma aceitação de que o sofrimento e os desafios são degraus no caminho para a iluminação.

As provações espirituais geralmente se manifestam através de crises pessoais, dúvidas profundas, perdas ou momentos de grande introspecção. Essas experiências servem para confrontar o gnóstico com seus próprios medos e limitações, revelando as partes de si mesmo que ainda estão presas ao ego e às ilusões. A dúvida, em particular, é uma provação frequente para o buscador, pois o gnosticismo desafia a visão comum do mundo e exige uma entrega completa ao caminho da verdade. O gnóstico que se vê confrontado com dúvidas e incertezas precisa aprender a abraçar essas experiências como oportunidades de fortalecimento, onde ele pode questionar suas próprias crenças e reavaliar sua conexão com o divino. Jesus ensina que a fé verdadeira só é construída quando o gnóstico supera a dúvida, reconhecendo que a verdade reside em sua própria experiência interior e não nas opiniões externas.

A solidão é outra provação que muitos gnósticos enfrentam, pois a busca pela verdade espiritual frequentemente os separa das crenças e das práticas do mundo material. Essa sensação de isolamento pode ser dolorosa, mas é uma parte necessária do processo de autoconhecimento e de transformação. Ao aprender a estar em paz consigo mesmo, sem depender da aprovação ou do apoio de outros, o gnóstico fortalece sua conexão com o Deus Supremo e desenvolve uma independência espiritual que o liberta das influências do mundo. Jesus ensina que, ao abraçar a solidão, o buscador descobre sua própria luz interior e aprende a confiar em sua própria sabedoria. A solidão, então, torna-se uma companheira silenciosa, uma oportunidade de mergulhar na profundidade de sua própria alma e de experimentar a presença do divino em seu interior.

O medo é outra provação significativa, pois ele representa uma das principais ferramentas do Demiurgo para manter as almas presas ao mundo material. O medo da morte, do fracasso, da perda e do desconhecido são barreiras que o gnóstico precisa superar para alcançar a verdadeira liberdade espiritual. Jesus revela que o medo é uma ilusão, uma criação do ego que impede o buscador de experimentar a paz e a liberdade que vêm da conexão com o divino. Superar o medo é um processo gradual, que exige prática, autoconhecimento e uma confiança crescente na presença do Deus Supremo. Ao vencer o medo, o gnóstico experimenta uma sensação de leveza e de paz, pois ele percebe que sua verdadeira essência é imortal e que nada no mundo físico pode ameaçar sua conexão com o divino.

A tentação é outra provação que testa o comprometimento do gnóstico com o caminho da verdade. As tentações podem assumir diversas formas, como o desejo por poder, prestígio, prazer material ou controle sobre os outros. Essas tentações são convites para retornar ao mundo das ilusões e das limitações, onde o ego é exaltado e a conexão com o divino é obscurecida. Jesus ensina que, para superar a tentação, o gnóstico precisa desenvolver uma disciplina interna e um desapego dos prazeres efêmeros, reconhecendo que esses desejos apenas o afastam da paz e da liberdade espiritual. A prática da renúncia e do autocontrole fortalece a alma, permitindo que o gnóstico mantenha seu foco na busca pela verdade e evite ser seduzido pelas ilusões do mundo material.

 A humildade é uma virtude fundamental para vencer as provações espirituais. O gnóstico deve reconhecer que sua própria sabedoria e força são limitadas, e que ele depende do Deus Supremo para guiá-lo e sustentá-lo em sua jornada. Jesus ensina que a humildade é a chave para receber a ajuda divina, pois ela permite que o gnóstico abra mão de sua necessidade de controle e confie no fluxo da vida. A humildade também ajuda o buscador a enfrentar suas provações com paciência e aceitação, reconhecendo que cada desafio é uma lição enviada pelo divino para seu crescimento e aprendizado. Essa atitude de humildade permite que o gnóstico experimente a paz e a serenidade, mesmo em meio às provações, pois ele sabe que tudo contribui para sua evolução espiritual.

 O perdão é outra prática poderosa que ajuda o gnóstico a superar as provações espirituais. Ao perdoar a si mesmo e aos outros, o buscador se liberta das amarras emocionais que o mantêm preso ao sofrimento e à raiva. Jesus ensina que o perdão é uma forma de purificação, pois ele dissolve as energias negativas que obscurecem a visão espiritual. Ao perdoar, o gnóstico experimenta uma sensação de leveza e de paz, que o ajuda a enfrentar suas provações com uma mente e um coração mais abertos. O perdão não é apenas uma prática moral, mas uma ferramenta essencial para a libertação espiritual, pois ele permite que o buscador avance em sua jornada sem os pesos do passado.

 A compaixão é outro elemento essencial para vencer as provações espirituais. Ao desenvolver uma atitude de compaixão por si mesmo e pelos outros, o gnóstico experimenta uma conexão mais profunda com o Deus Supremo e com todos os seres. A compaixão ajuda o buscador a superar o julgamento e a crítica, permitindo que ele veja as provações como experiências compartilhadas, onde cada ser enfrenta suas próprias dificuldades e desafios. Jesus ensina que a compaixão é uma expressão da luz divina, e que, ao praticá-la, o gnóstico fortalece sua própria alma e cria um campo de paz e de harmonia ao seu redor. A compaixão, então, se torna uma ferramenta de cura, permitindo que o gnóstico encontre paz mesmo em meio às adversidades.

A confiança no Deus Supremo é o fundamento que sustenta o gnóstico em todas as provações. Ao confiar que cada experiência, seja ela dolorosa ou desafiadora, faz parte de um plano maior, o gnóstico é capaz de enfrentar suas dificuldades com coragem e resiliência. Essa confiança o ajuda a manter a serenidade e a clareza em momentos de incerteza, lembrando-o de que o Deus Supremo está sempre presente, guiando-o e protegendo-o em sua jornada. Jesus ensina que a confiança é o alicerce da liberdade espiritual, pois ela permite que o gnóstico se entregue ao fluxo da vida, aceitando cada provação como uma oportunidade de crescimento e de aproximação com o divino.

No final, vencer as provações espirituais é um processo de transformação profunda, onde o gnóstico aprende a transcender as limitações do ego e a experimentar a paz e a liberdade que vêm da conexão com o Deus Supremo. Cada provação enfrentada e superada fortalece a alma, aproximando o buscador do estado de plenitude e de união com o divino. Ao compreender que as provações são lições enviadas para seu crescimento, o gnóstico experimenta uma alegria e uma paz duradoura, sabendo que cada desafio é um passo em direção ao pleroma.

Capítulo 47
O Papel da Intenção na Prática Gnóstica

No gnosticismo, a intenção é a força silenciosa e invisível que guia todas as ações, pensamentos e escolhas ao longo da jornada espiritual. Ela é o impulso interno que direciona o buscador, influenciando sua conexão com o divino e moldando a profundidade de sua experiência gnóstica. Diferente de uma simples motivação superficial, a intenção é uma energia profunda que emana do espírito e que define a sinceridade, a pureza e o propósito por trás de cada passo dado em busca do conhecimento verdadeiro. Jesus revela que a intenção correta é o alicerce da prática gnóstica, pois ela transforma as ações mais simples em atos de devoção e de alinhamento com o Deus Supremo.

A intenção no caminho gnóstico começa com um desejo sincero pelo autoconhecimento e pela libertação espiritual. O gnóstico entende que, para alcançar a verdadeira gnose, ele deve alinhar sua intenção com o propósito divino, buscando a verdade com um coração puro e uma mente aberta. Essa intenção se expressa como uma vontade de transcender as limitações do ego e de experimentar a realidade do Deus Supremo de maneira direta e profunda. Para o gnóstico, essa intenção pura é uma força que dissolve as ilusões, pois ela permite que o buscador enxergue o mundo e a si mesmo com clareza e discernimento.

O desapego é essencial para cultivar a intenção correta. A prática gnóstica ensina que, quando o buscador se liberta das expectativas e dos desejos egoístas, sua intenção se torna uma expressão autêntica de sua busca pela verdade. Jesus ensina que a intenção é obscurecida quando o praticante se deixa levar pelo desejo de reconhecimento, de poder ou de ganhos pessoais, pois esses impulsos desviam a alma de seu propósito verdadeiro. Ao praticar o desapego, o gnóstico permite que sua intenção seja guiada pela luz interior e pela sabedoria divina, experimentando uma paz que surge do entendimento de que ele está em harmonia com o fluxo do cosmos.

A intenção é também uma prática de presença. No gnosticismo, cada ação, pensamento e palavra é uma oportunidade para alinhar-se com o divino, e isso só é possível quando o gnóstico está plenamente consciente de suas motivações internas. A intenção correta exige atenção ao momento presente, um estado de presença onde o buscador pode observar a origem de seus impulsos e decisões. Jesus revela que a prática da presença é uma forma de purificação, pois ela permite que o gnóstico reconheça e dissolva as motivações impuras antes que elas possam se manifestar em ações. Esse estado de presença transforma a intenção em uma expressão de harmonia e de devoção, onde cada momento se torna uma oportunidade de se conectar com o divino.

A disciplina é uma aliada fundamental para cultivar a intenção correta. O caminho gnóstico exige um comprometimento profundo, uma disposição para enfrentar as provações e para manter-se fiel ao propósito de buscar a verdade, independentemente das dificuldades. A disciplina ajuda o gnóstico a manter sua intenção clara e forte, especialmente nos momentos em que a dúvida ou a tentação ameaçam desviar sua atenção. Ao praticar a disciplina, o buscador fortalece sua capacidade de permanecer centrado em sua busca espiritual, demonstrando sua dedicação ao caminho do autoconhecimento e do alinhamento com o Deus Supremo.

O amor e a compaixão também são expressões da intenção correta. No gnosticismo, o amor é visto como a essência do divino, e a intenção pura é sempre uma manifestação desse amor. Jesus ensina que, ao agir com amor e compaixão, o gnóstico experimenta uma conexão mais profunda com o Deus Supremo, pois ele transforma sua prática em um reflexo da bondade e da luz divinas. A compaixão, em particular, é uma prática que permite que o buscador veja além das ilusões do ego e perceba a unidade essencial entre todos os seres. Ao cultivar uma intenção fundamentada no amor e na compaixão, o gnóstico eleva sua prática a um nível mais profundo, onde cada ato se torna uma forma de serviço e de devoção.

A gratidão é outro aspecto essencial da intenção no caminho gnóstico. O buscador que pratica a gratidão reconhece que cada experiência, seja ela desafiadora ou prazerosa, é uma oportunidade de aprendizado e de crescimento espiritual. A gratidão permite que o gnóstico mantenha sua intenção voltada para o divino, aceitando com humildade as lições que a vida lhe oferece. Jesus ensina que a gratidão é uma forma de reverência ao Deus Supremo, pois ela reflete uma confiança na sabedoria divina que guia cada passo da jornada. Ao praticar a gratidão, o gnóstico experimenta uma paz profunda, pois ele entende que está sempre sendo guiado e protegido pelo amor divino.

A intenção correta também envolve um compromisso com a verdade. No gnosticismo, o buscador deve ser honesto consigo mesmo e com os outros, evitando as ilusões e as manipulações que surgem do ego. Jesus revela que a verdade é a base da liberdade espiritual, e que o gnóstico só pode alcançar a gnose quando sua intenção está alinhada com a sinceridade e a transparência. Esse compromisso com a verdade permite que o buscador cultive uma prática autêntica, onde ele se dedica a explorar e a compreender sua própria essência sem medo ou autoengano. A intenção fundamentada na verdade é uma expressão de coragem, pois ela exige que o gnóstico enfrente suas próprias sombras e se disponha a ver a realidade como ela é, sem distorções.

A intenção correta é, portanto, um processo de alinhamento contínuo, onde o gnóstico ajusta constantemente seu foco e sua motivação para manter-se em harmonia com o divino. Esse processo é fortalecido pela prática constante da meditação e da reflexão, onde o buscador observa sua própria mente e se reconecta com seu propósito interior. A meditação permite que o gnóstico experimente a quietude e a clareza, facilitando a identificação das motivações e dos impulsos que desviam sua intenção do caminho da verdade. A prática da reflexão proporciona uma oportunidade de avaliar e de corrigir o curso, garantindo que cada passo seja dado com sinceridade e com um coração puro.

Por fim, a intenção no caminho gnóstico culmina em uma entrega completa ao Deus Supremo. Jesus ensina que a intenção mais elevada é aquela que transcende o ego e que busca unir-se ao divino em um estado de devoção e de rendição. Essa entrega é a expressão máxima da intenção pura, pois ela representa o reconhecimento de que o propósito final da jornada espiritual é a união com o pleroma. Ao entregar sua intenção ao Deus Supremo, o gnóstico experimenta uma paz profunda e uma sensação de liberdade, pois ele percebe que sua busca não é uma luta ou uma conquista, mas uma lembrança de sua própria essência divina.

A intenção, então, é o alicerce sobre o qual o gnóstico constrói sua prática e sua vida. Cada pensamento, cada ação e cada escolha são guiados por essa intenção de retornar ao divino, de conhecer a verdade e de libertar a alma das ilusões.

Capítulo 48
A Transcendência do Tempo e do Espaço

No coração do gnosticismo, a transcendência do tempo e do espaço é um conceito central para a compreensão da natureza da alma e da busca pela união com o Deus Supremo. O tempo e o espaço, na visão gnóstica, são criações do Demiurgo, um meio de aprisionar a consciência dentro de uma realidade material limitada e de mantê-la distraída da verdadeira eternidade. Para o gnóstico, superar essas limitações é essencial, pois é somente ao transcender as fronteiras do tempo e do espaço que a alma pode acessar a plenitude do pleroma, o reino espiritual eterno e imutável que reside além das percepções mundanas. Jesus ensina que essa transcendência não é uma fuga, mas uma transformação de perspectiva, uma expansão que permite à alma reconhecer sua própria natureza infinita.

A compreensão do tempo como uma construção ilusória é o primeiro passo para a transcendência. No mundo material, o tempo é percebido como uma linha contínua, onde passado, presente e futuro parecem separados e determinam a experiência humana. Para o gnóstico, no entanto, essa linearidade é uma ilusão que aprisiona a mente e impede a experiência da eternidade. Jesus revela a Judas que o tempo é uma criação do Demiurgo, uma ferramenta que mantém a consciência presa a ciclos de nascimento, crescimento e morte, impossibilitando que o buscador veja além das limitações materiais. A verdadeira liberdade espiritual exige que o gnóstico reconheça o tempo como uma construção artificial, abandonando a obsessão pelo passado e pelo futuro e abraçando o momento presente, onde a eternidade se revela.

A prática da presença é uma ferramenta poderosa para transcender o tempo. Quando o gnóstico se concentra no momento presente, ele experimenta uma quietude interior que dissolve as preocupações com o que já passou e o que ainda está por vir. Essa prática é mais do que um exercício mental; ela é uma abertura para a eternidade, um vislumbre da dimensão espiritual que existe além da percepção linear do tempo. Jesus ensina que o agora é o ponto de encontro entre a alma e o Deus Supremo, um momento intemporal onde a dualidade do passado e do futuro se dissolve. Ao viver com presença, o gnóstico experimenta uma paz que surge da compreensão de que sua verdadeira essência é imutável e está além das limitações temporais.

A meditação é uma prática que permite ao gnóstico acessar essa dimensão intemporal de maneira mais profunda. Durante a meditação, a mente se aquieta e a percepção do tempo se expande, permitindo que o praticante entre em contato com uma realidade que transcende o movimento linear. Esse estado meditativo é um vislumbre do pleroma, onde o tempo e o espaço não existem como barreiras e onde a alma experimenta uma conexão direta com o Deus Supremo. Ao meditar, o gnóstico experimenta a sensação de expansão, como se seu espírito se libertasse das limitações físicas e acessasse um campo de pura consciência. Esse estado de transcendência é uma amostra da liberdade espiritual que ele busca, uma experiência de união que dissolve as fronteiras e revela a eternidade em seu coração.

O espaço, assim como o tempo, é uma construção ilusória criada para limitar a percepção humana. Na realidade material, o espaço separa os seres, criando uma ilusão de individualidade e de separação. No entanto, o gnosticismo ensina que essa divisão espacial é apenas uma camada superficial que encobre a unidade essencial de todas as coisas. Jesus revela que, ao transcender a percepção de espaço, o gnóstico experimenta a unidade com o cosmos e com o Deus Supremo, percebendo que, em um nível mais profundo, não há separação entre ele e o todo. Essa percepção de unidade é uma experiência de transcendência que permite ao buscador reconhecer a ilusão da separação e viver em um estado de comunhão com a essência divina.

A prática da visualização é uma ferramenta que ajuda o gnóstico a superar as limitações do espaço. Ao visualizar a luz divina dentro de si e expandi-la para o cosmos, o gnóstico experimenta a sensação de estar em todos os lugares ao mesmo tempo, dissolvendo a percepção de separação e sentindo-se parte do todo. Essa prática permite que o buscador compreenda que o espaço é uma construção relativa e que sua verdadeira essência não está confinada a um corpo ou a um lugar específico. A visualização torna-se uma forma de transcendência, uma maneira de experimentar a realidade do pleroma, onde não há divisões nem barreiras.

Outra prática que facilita a transcendência do tempo e do espaço é a contemplação do infinito. O gnóstico, ao contemplar a vastidão do cosmos e a eternidade do divino, amplia sua percepção e experimenta uma conexão com a infinitude. Essa contemplação o ajuda a libertar-se da visão limitada do mundo material e a reconhecer sua própria natureza eterna. Jesus ensina que, ao contemplar o infinito, o gnóstico encontra sua verdadeira identidade, uma essência que está além das limitações da mente e que é uma expressão direta do Deus Supremo. Essa experiência de infinitude é uma forma de despertar, onde o praticante reconhece que sua alma pertence a uma realidade intemporal e ilimitada.

A transcendência do tempo e do espaço também envolve a compreensão de que a realidade material é apenas uma manifestação temporária da essência divina. No gnosticismo, a matéria é vista como uma expressão imperfeita do pleroma, uma projeção que oculta a verdadeira natureza da existência. Ao perceber que o mundo físico é transitório, o gnóstico aprende a desapegar-se das limitações impostas pelo corpo e pela mente, reconhecendo que sua verdadeira identidade é espiritual e imortal. Essa compreensão o liberta do apego ao mundo material e o aproxima da experiência da eternidade, onde o tempo e o espaço se tornam irrelevantes.

A transcendência do tempo e do espaço culmina em uma experiência de união com o Deus Supremo. No estado de gnose plena, o gnóstico experimenta a realidade do pleroma, onde não há distinção entre passado, presente e futuro, nem entre aqui e lá. Jesus ensina que esse estado de união é o propósito final da jornada gnóstica, uma experiência de plenitude que dissolve todas as barreiras e revela a verdade eterna. Nesse estado de transcendência, o gnóstico percebe que sempre esteve unido ao divino, e que as limitações do tempo e do espaço eram apenas ilusões que encobriam sua verdadeira natureza.

A transcendência do tempo e do espaço, portanto, é uma etapa essencial no caminho da libertação espiritual. Ela permite que o gnóstico viva com liberdade e paz, sabendo que sua alma é imortal e que sua essência está além de qualquer limitação física ou temporal. Essa experiência de transcendência transforma a vida cotidiana em uma expressão da eternidade, onde cada momento é um reflexo da presença do divino e cada lugar é um ponto de conexão com o Deus Supremo.

Capítulo 49
A Jornada da Alma após a Morte

Para o gnosticismo, a morte não é o fim da existência, mas um momento de transição e de possibilidade para a alma. Longe de ser uma experiência de desaparecimento ou perda, a morte é vista como uma oportunidade para o espírito libertar-se das correntes do mundo material e retornar ao seu estado original, unido ao pleroma, o reino do Deus Supremo. Essa jornada pós-morte, no entanto, não é automática ou garantida; ela depende do nível de conhecimento e de pureza espiritual que o gnóstico cultivou ao longo de sua vida. Jesus revela a Judas que a libertação da alma depende de seu despertar interior, de sua capacidade de superar as ilusões do Demiurgo e de seguir a luz do conhecimento verdadeiro.

No momento da morte, a alma gnóstica é confrontada com as forças do Demiurgo e dos Arcontes, que tentam impedi-la de escapar dos domínios materiais e retornar ao pleroma. Esses seres, criados para manter a ordem do mundo material, atuam como guardiões que tentam capturar as almas despreparadas e aprisioná-las em ciclos de renascimento e esquecimento. Para o gnóstico, o conhecimento — ou gnose — é a chave para reconhecer e transcender essas forças. Jesus ensina que, ao desenvolver a consciência espiritual e a visão interior, o buscador se torna capaz de identificar as ilusões impostas pelos Arcontes, rejeitando suas distrações e mantendo o foco em sua jornada de retorno ao divino.

A preparação para essa jornada pós-morte começa durante a vida. O gnóstico sabe que sua consciência e sua pureza de intenção são determinantes no processo de libertação da alma, e por isso ele dedica sua vida à prática da meditação, da reflexão e do desapego. Essas práticas fortalecem a conexão do buscador com o Deus Supremo, preparando-o para navegar pelo mundo espiritual com clareza e propósito. Jesus ensina que a morte é uma oportunidade para a alma relembrar sua verdadeira origem e, ao cultivar essa lembrança durante a vida, o gnóstico se torna menos vulnerável às armadilhas e ilusões do Demiurgo.

Após a morte, a alma que alcançou um nível elevado de gnose é capaz de evitar os reinos intermediários e as ilusões criadas pelos Arcontes, dirigindo-se diretamente ao pleroma. Esse estado de consciência permite que a alma reconheça as emanações do Deus Supremo, seguindo a luz que a conduz de volta ao seu estado original de união. Essa jornada é uma experiência de libertação, onde o espírito se despoja das últimas camadas de apego e ilusão, experimentando uma sensação de expansão e de paz que transcende qualquer coisa conhecida na realidade material. A morte, então, torna-se uma porta para a eternidade, uma passagem que a alma iluminada atravessa com serenidade e confiança.

Para as almas que ainda não alcançaram a plenitude da gnose, a jornada pós-morte é um processo de purificação e aprendizado. Essas almas podem ser atraídas para reinos intermediários ou experimentar estados transitórios, onde elas são confrontadas com seus próprios apegos e ilusões. Esses estados intermediários servem como reflexos das limitações e dos desejos que o espírito ainda carrega, funcionando como uma espécie de espelho espiritual que revela as áreas que ainda precisam de transformação. No entanto, o gnosticismo ensina que mesmo esses reinos intermediários são temporários e que a alma sempre tem a oportunidade de buscar a luz e de progredir em direção ao pleroma, desde que esteja disposta a desapegar-se de suas ilusões.

A oração e o apelo ao Deus Supremo são práticas que o gnóstico utiliza para manter-se focado em sua jornada de retorno. Durante a vida, o buscador aprende a invocar a presença divina em momentos de dúvida ou de escuridão, fortalecendo sua conexão com a luz e com o propósito maior. No momento da morte, essa prática torna-se especialmente importante, pois ela permite que a alma se mantenha centrada e conectada ao divino, evitando as distrações e as tentações dos reinos materiais. Jesus ensina que, ao invocar o Deus Supremo, a alma cria um campo de proteção que a ajuda a passar pelas barreiras dos Arcontes e a direcionar-se ao pleroma.

O conceito de julgamento no gnosticismo difere das tradições ortodoxas. Em vez de um julgamento externo, onde uma divindade decide o destino da alma, o gnóstico acredita em um julgamento interior, onde a própria alma avalia suas escolhas e sua trajetória espiritual. Esse processo de autoavaliação é uma oportunidade para a alma compreender suas ações e suas motivações, reconhecendo as áreas onde ela ainda precisa crescer. Para o gnóstico, esse julgamento é uma chance de autocompreensão e de progresso, uma etapa que contribui para sua jornada contínua em direção à iluminação. A alma que se aproxima do pleroma experimenta uma clareza de consciência, onde ela percebe o impacto de cada pensamento, de cada intenção e de cada ação.

Para aqueles que ainda estão presos aos ciclos de renascimento, o gnosticismo oferece esperança e orientação. Jesus ensina que, mesmo após várias vidas e experiências, a alma sempre carrega em si a centelha divina e o potencial para a iluminação. Cada renascimento é uma nova oportunidade para o autoconhecimento, uma chance de superar as limitações do ego e de aproximar-se do Deus Supremo. O gnóstico que compreende esse processo de reencarnação não vê o renascimento como uma punição, mas como um ciclo de aprendizado e de purificação, onde a alma pode progredir em direção ao estado de gnose e de união com o divino.

A transcendência final é alcançada quando a alma se dissolve no pleroma, deixando para trás todas as barreiras e limitações da individualidade. Nesse estado, o gnóstico experimenta a união completa com o Deus Supremo, onde ele não mais se percebe como um ser separado, mas como uma expressão do divino. Essa união é a realização da gnose, a plenitude de uma existência que sempre foi e sempre será parte do Todo. Jesus ensina que essa dissolução não é uma perda, mas uma conquista, um retorno ao estado de pureza original, onde a alma experimenta a paz absoluta e a verdade eterna.

A jornada da alma após a morte, então, é uma continuação do processo de autoconhecimento e de transcendência que o gnóstico inicia durante a vida. Cada etapa, desde o confronto com os Arcontes até a união com o pleroma, é uma oportunidade de libertação e de reconexão com o Deus Supremo.

Ao longo da jornada gnóstica, o Evangelho de Judas emerge não apenas como um texto sagrado, mas como um mapa espiritual para o autoconhecimento e para a transcendência. As revelações de Jesus a Judas oferecem uma visão radical da natureza da existência, desafiando as crenças estabelecidas e convidando o buscador a descobrir a verdade por si mesmo. Esse evangelho revela uma dimensão profunda da sabedoria de Jesus, que vê além das estruturas do mundo material e reconhece a divindade inata que habita em cada ser. Judas, como o confidente de Jesus, representa a figura do buscador gnóstico, aquele que ousa questionar, transcender as limitações do mundo e explorar as verdades ocultas do cosmos.

A figura de Judas, tradicionalmente vilipendiada, é reinterpretada no gnosticismo como alguém que participa do mistério divino de uma forma única e enigmática. Ao receber revelações exclusivas de Jesus, ele não apenas cumpre um papel necessário na narrativa, mas simboliza o buscador que se aproxima do divino, disposto a encarar as verdades mais desconfortáveis. Através da perspectiva gnóstica, Judas é visto não como um traidor, mas como um agente de transformação, que ajuda a desvendar a verdadeira natureza do sacrifício de Jesus e a sua missão de libertação espiritual.

Essa obra sobre o Evangelho de Judas e o gnosticismo procurou explorar cada camada dessas revelações, apresentando um caminho que conduz o leitor a uma compreensão mais profunda do propósito humano e da própria essência do divino. Desde os primeiros capítulos, que abordaram a descoberta e a autenticidade do evangelho, até as explorações complexas sobre a cosmologia gnóstica, cada etapa buscou construir uma visão completa e integrada do pensamento gnóstico, mostrando como ele difere da teologia tradicional e como oferece uma visão inovadora do destino da alma.

No gnosticismo, a salvação não é uma dádiva externa, mas um processo de autoconhecimento e de iluminação. A gnose — o conhecimento verdadeiro — é um convite para que cada alma descubra sua própria natureza divina e para que desperte para a realidade além das aparências. Essa salvação não depende de dogmas, mas da capacidade do indivíduo de mergulhar em si mesmo, de encarar suas sombras e de liberar-se das ilusões do Demiurgo e dos Arcontes. A verdadeira libertação, então, não é apenas uma fuga do mundo material, mas uma realização da luz interior, que reflete o próprio Deus Supremo.

Ao longo do livro, a cosmologia gnóstica é desvendada em detalhes, revelando o papel do Demiurgo, o criador imperfeito do mundo material, e dos Arcontes, seres que mantêm a humanidade cativa em ciclos de ignorância e sofrimento. Essa visão desmistifica a realidade material, revelando-a como uma camada ilusória que oculta o pleroma, o reino do Deus Supremo, onde reside a verdadeira paz e plenitude. A natureza do Demiurgo e das emanações, os Eons, são apresentados como partes de um sistema complexo que, embora limitado, oferece ao buscador uma chance de superar suas barreiras e de alcançar a verdadeira liberdade espiritual.

A prática gnóstica enfatiza a importância do silêncio, da meditação, da autodescoberta e do desapego. Essas práticas são mais do que métodos; elas são formas de experimentar a verdade interna e de acessar a sabedoria divina. Através da introspecção e da contemplação, o gnóstico aprende a silenciar o ego e a ouvir a voz interior, que é um reflexo do Deus Supremo. O silêncio, a intenção e a visão interior tornam-se chaves para a transcendência, permitindo que o buscador experimente um estado de paz que ultrapassa o sofrimento e a limitação.

Ao concluir essa obra, é importante refletir sobre o impacto transformador do Evangelho de Judas para aqueles que ousam questionar e buscar a verdade além das convenções. O gnosticismo, com sua ênfase na experiência pessoal e no conhecimento direto, oferece uma perspectiva que valoriza a individualidade e o poder da mente humana para se libertar. Essa filosofia encoraja cada buscador a encontrar seu próprio caminho, a conectar-se com o divino dentro de si mesmo e a enxergar o mundo com clareza e discernimento. Ao fazer isso, o gnóstico não apenas descobre sua própria essência, mas também cumpre seu papel no plano divino, retornando ao pleroma com uma consciência desperta.

Assim, este livro se encerra com uma mensagem de esperança e de desafio: a esperança de que o conhecimento verdadeiro — a gnose — é acessível a todos que o buscam sinceramente, e o desafio de que essa busca exige coragem, humildade e compromisso com a verdade. Que o Evangelho de Judas e as revelações de Jesus sirvam de inspiração para todos aqueles que desejam transcender as ilusões do mundo material e retornar à fonte de onde vieram. Que cada leitor encontre, em seu próprio tempo e à sua própria maneira, o caminho que o conduza ao Deus Supremo e à plenitude do ser.

Ao cruzar a ponte do conhecimento, cada buscador descobre que, no final, ele mesmo é o caminho, a verdade e a luz. A jornada gnóstica é, portanto, uma lembrança eterna de que o divino sempre esteve presente, aguardando o momento em que a alma se lembra de sua própria natureza e retorna ao Todo. Que esta obra inspire a descoberta e a libertação espiritual de cada leitor, guiando-o ao encontro de sua própria gnose.

Epílogo

Ao final deste livro, o véu se ergueu, e talvez algo em ti tenha mudado. Este foi um percurso que não apenas te mostrou um outro lado de Judas, mas que, por fim, falou também da essência da condição humana, da busca por respostas em um universo de ilusões. O enigma de Judas permanece, mas agora ele não é apenas o traidor: é aquele que, pela entrega e pelo conhecimento, possibilitou a libertação de Jesus e a sua própria.

A jornada gnóstica que este livro propõe é uma provocação para que olhes para ti mesmo, para as ilusões que talvez aceites como verdades absolutas, para as camadas que, como o Demiurgo, te fazem crer que a materialidade é o fim de tudo. O caminho da gnose — do conhecimento interior — é a jornada daqueles que se atrevem a questionar, que buscam o Deus Supremo, uma essência que se encontra além da carne, do ego e das projeções mundanas. Esta obra, ao iluminar o papel de Judas sob uma perspectiva inesperada, abre portas para que tu questiones a ti mesmo e os significados que atribuis à existência.

No entanto, essa revelação não é um ponto final. Ela é, na verdade, uma semente, uma centelha que espera o momento de germinar. Pois o conhecimento, como a gnose, não é uma resposta definitiva, mas um constante retorno ao início, uma busca incessante pela verdade que se encontra para além da superfície. A imagem de Judas como traidor pode, agora, parecer uma simplificação, uma máscara que esconde a profundidade de sua compreensão. Mas também revela que, muitas vezes, é preciso romper com as imagens preestabelecidas, abandonar as seguranças para enxergar o que está oculto.

A caminhada de Judas é, em muitos aspectos, a caminhada de cada um que busca o sentido para além do visível. Ele foi capaz de aceitar a condenação para cumprir seu papel na libertação espiritual de seu mestre. E, ao fazer isso, libertou também a si mesmo. E tu, que agora encerraste este livro, também foste chamado a uma reflexão: quais ilusões ainda te prendem? Que verdades ocultas ainda aguardam para emergir, esperando que tenhas a coragem de vê-las como elas realmente são?

Ao fechar este livro, que a mensagem aqui presente ressoe em tua alma como uma lembrança distante, uma voz que sussurra sobre a tua origem, sobre o teu potencial de romper com as amarras invisíveis e retornar ao Deus Supremo, ao verdadeiro lar. Que esta experiência não seja apenas uma leitura, mas um ponto de partida para uma jornada que transcende as palavras e que te leva a reconhecer a centelha divina que habita em ti.

O enigma de Judas, afinal, é o enigma de todos nós.

www.ingramcontent.com/pod-product-compliance
Lightning Source LLC
LaVergne TN
LVHW040047080526
838202LV00045B/3531